# 내 마음의 화첩

임선빈 수필집

도서출판
다운샘

**국립중앙도서관 출판시도서목록(CIP)**

내 마음의 화첩 : 임선빈 수필집 / 지은이: 임선빈.
-- 서울 : 다운샘, 2013 p. ; cm

ISBN 978-89-5817-289-5 03810 : ₩9000

한국 현대 수필[韓國現代隨筆]

814.7-KDC5
895.745-DDC21 CIP2013028638

► 이 책은 충북문화재단기금 일부를 지원 받아 발간하였습니다.

# 여는 글

산다는 것은

하루를 사는 일은 지금껏 내가 가지 않는 길을 걷는 일입니다. 오늘의 이 길은 나에게는 처음이겠지만 누군가 앞서 간 길일 것입니다.

나보다 앞선 그 사람이 누군지 알 수는 없겠지만, 오늘 내가 가는 길은 그가 다시는 밟고 싶지 않은 길일 수도 있습니다. 그러나 무모하게도 그 길을 가고 있습니다.

지금은

그냥 이 길을 가야 하기 때문입니다.

2013년 12월

# 차 례

## 제1부 연기 속으로

## 차 례

# 제2부 우리가 꿈꾸는 세상

## 차 례

### 제3부 해빙기

# 차 례

## 제4부 피반령

## 차 례

# 제5부 사랑가

# 제1부

# 연기 속으로

다시 담배 한 개비를 물어본다. 온 세상이 혼절한 듯 이지러진다. 담배가 친구의 생활고를 가져왔는지 생활고가 친구에게 담배를 가져왔는지 알 수 없지만 분명한 사실은 친구가 삶의 늪에 빠져 있다는 사실이다. 젊은 날, 그녀는 나를 위해 얼마나 간절히 기도해 주었던가. 그랬는데 그녀에게 나는 위로의 말도 못하고 사치스럽게도 시집 한 권 보내는 것으로 내 마음을 전했다.

담배를 비벼 껐다. 창문을 열고 한참이 돼서야 정신이 맑아졌다.

## 橫說竪說

-앎의 病-

깊이를 알지 못하는 수렁이다.

빠져들기만 하는 수렁에서 나오려고 버둥거릴 때마다 더 깊이 빠져든다. 혼자 힘으로는 도저히 벗어날 수가 없다. 두 팔을 뻗어 휘젓는다. 무엇인가 손에 닿는 느낌에 힘껏 움켜쥔다. 그러나 잡힌 것은 아무것도 없다. 거칠게 숨을 몰아쉬며 다시 한 번 온 힘을 다해 발끝을 세워보지만, 도저히 벗어나지 못한다. 한없이 빠져들면서도 손에 틀어쥔 것을 포기할 수가 없어 소리를 질렀다.

살고 싶었다.

내가 이 집에 남아 있으려면 그를 대문 밖으로 내보내야 한다. 50년을 넘게 기다린 세월이지만 지금처럼 조급증은 내지 않았다. 그러나 지금 그 기다렸던 세월이 억울해서 가슴을 자주 움켜쥔다. 화가 머리끝까지 올라와서 그의 안식처를 사정없이 발로 차 평화로운 시간을 깨기도 했고 제발 나가달라고 애원도 하지만 그는 미동도 하지 않는다.

내 고함에 놀라 눈을 번쩍 떴다. 어떤 이는 아는 만큼 보이고, 보이는 만큼 느낀다고 했다. 그랬다. 한국의 불교건축에 대해 귀동냥 정도만 하고 법주사를 다시 찾았는데 보이는 것마다 새롭고 경이롭기만 했다. 그동안은 내 집 마당에서 앞산 바라보듯이 그렇게 큰 불상만 보았다. 하지만 얇은 앎으로 경내를 둘러보는 일이 삼십 분에서 한 시간, 두 시간으로 늘어갔다. 다시 살펴보고 온몸으로 느껴야 할 것이 너무도 많았다.

자주 법주사를 찾았다. 올 때마다 새롭기만 하다. 일주문을 지나 수정교를 건너면 천의를 입은 듯이 가벼운 걸음이 되어 '호서제일가람' 불국정토 법주사에 무아지경으로 빠져들게 된다. 상징적인 의미겠지만, 다리를 건너는 것은 수미산으로 가는 것을 뜻한다. 절을 짓는 것도 곧 수미산으로 가는 것이 된다. 부처가 사는 곳이 수미산 도솔천으로 사람과 부처가 다리라는 매개체를 통해 소통의 가능성을 열고 있다. 그렇게 앎의 즐거움이 삶 전부처럼 희열까지 느끼고는 했다.

그랬는데 윗대 조상의 묘지 이장을 위해 부른 지관의 말 한마디에 앎은 더는 기쁨이 되지 못했다. 집안에 묘지가 있는 것조차도 잊고 있었는데 눈만 감으면

악몽에 시달린다. 부처와 중생의 연결고리는 어느 틈에 사라지고 없다.

밤마다 사천왕이 밟고 있는 악귀들이 찾아온다. 어떤 때에는 불국사 악귀가 찾아오고, 직지사 천왕문의 악귀도 온다. 사천왕이 밟고 있는 악귀도 시대에 따라 다른 모습으로 비교 관찰하는 재미가 쏠쏠하였다. 그러나 지금은 그 앎이 밤마다 나를 괴롭힌다.

아버지가 돌아가신지 햇수로 삼십 년이고, 장남이던 오빠도 십여 년이 넘었다. 두 분 다 한창 일할 나이인 사십 대에 서둘러 떠났다. 아버지가 누운 곳은 동네가 한눈에 들어오는 햇볕 따사로운 남향으로 마을 앞을 지나가는 내(川)가 보인다. 내를 건너면 마을 앞산이 냇물을 따라가며 계속 이어진다.

지관의 말은 참으로 충격적이었다. 아버지와 오빠의 단명이 집안에 자리하고 있는 묘지 때문이란다. 내가 태어나기 이전부터 마당에는 묘가 있었다. 묘지가 윗대 어른들과는 어떤 묵계로 그곳에 자리하였는지 그 내막은 자세히 알지 못한다.

제주의 장묘문화처럼 대문 밖 텃밭이 아닌, 집안에 무덤이 자리 잡고 있는 것은 참으로 해괴한 일이다. 하지만 여러 가지 불편함을 감내하고 기다렸던 것은 곧 이장하겠다는 약속을 철석같이 믿고 빠른 묘지 이장만 바랐다. 내 집을 곧 나갈 것이기에 지금까지 우리 가족에게 가해진 불행에 대해서는 말을 아끼며 무덤 속, 주인에게 미안한 마음도 있었다.

그러나 가을에 하겠다는 묘지 이장이 봄으로, 다시 가을로 오십 년의 세월이 쏜살같이 갔다. 그 세월 동안 동네에서는 참으로 많은 사람이 세상을 떴다. 천수를 누리고 떠났다는 이도 있다지만 유난스럽게도 이해가 어려운 젊은 사람의 주검이 많았다.

지관은 묘지가 지금 자리에 있는 이상 좋지 않은 일이 계속 마을에 생긴다는 것이다. 마을 뒤쪽 시루봉과 앞산 큰 봉우리를 일직선으로 긋게 되면 우리 집 마당에 있는 묘지 위를 지나간다. 봉분 위가 딱 중간이 되고 마을의 날개에 해당하는 형국이라 그 주변의 사람이 또 어찌 된다는 것이다. 변고를 막으려면 묘지 이장뿐 다른 묘안이나 방법이 없다고 했다.

악몽에서 깨어난 아침, 무덤으로 달려갔다. 웃자란 잡초가 나의 서슬에 움찔한다. 오늘은 내 집에서 玄씨네 죽은 조상을 기필코 내보내야 한다. 내가 살아야 한다고 분노로 가득 차 포악을 떨어도 무덤 속 주인은 여전히 때가 아닌 듯 침묵하고 있다.

*- 2008년*

## 보은, 보은 사람들……. 보은의 힘 ①

규모는 작지만 아름다운 문학관이 있는 회인을, 저 지난해까지 회북면이라 하였는데 지금은 옛 이름 지명을 찾아 회인으로 부르고 있다.

회인은 1914년 일제에 의하여 행정구역이 통폐합되기 이전의 지명이 회인군으로 조선시대 지방의 중심지 역할을 하던 곳이다. 지금의 국립학교인 회인 향교(지방유형문화재 제96호)가 있는 회인을 회인면이라 하지만 조선시대에는 '회인군'으로, 지정학적으로 독자적인 문화를 창조하는데 좋은 조건을 가지고 있었다.

회인 고을이 자랑하는 회인팔경과 미산사경에서도 심성 고운 회인 사람 고유의 문화 의식이 숨어 있는 것을 발견할 수 있어서이다. 기록에는 오리 이원익 대감이 경주목사가 되어 부임 길에 올랐을 때 이곳을 지났다고 한다. 회인군이 중앙과 지방을 이어주는 중요한 교통로이었음을 알게 하는 대목이다.

그러나 새롭게 길이 뚫리고 마을의 머리 위를 자동차가 '획획' 날아가듯 달리는 고속도로가 생기면서 회인이 가지고 있던 품격과 영광에서 많이 빗겨나 있다. 사람들은 새로운 길을 따라 도시로 떠났고 당연히 학교에 입학하는 학생의 수는 줄어들어 몇 학교는 폐교가 되었고, 폐교가 거론되는 학교도 있다. 그럼에도 아직 회인의 오일장은 그 명맥은 유지는 하고 있다. 하지만 장날의 풍경 또한 예전만 못하다. 문 닫는 점포가 늘수록 이 고장 사람의 가슴에 품었을 희망이란 녀석도 주춤주춤 뒷걸음치는 듯 보인다. 그 회인에 2006년 오장환 시인의 문학관을 개관하였고 생가를 복원하였다.

오장환 시인은 이용악, 백석 시인과 함께 1930년대를 대표하는 시인 중 한 사람이라고 말한다. 시인은 일제강점 말기의 폭압적 상황에서도 절필하지 않으면서 친일 작품은 한 편도 쓰지 않는다. 해금 이후 오장환 시인에 대한 활발한 연구가 진행되고 있으며 매년 오장환문학제도 열고 있다.

오장환문학관은 기차역이 있는 이웃 옥천군의 정지용문학관에 비해 접근성이 떨어진다. 문학관이 보유한 시인에 대한 전시자료가 많은 것도 아니고, 문학관 주변에 큰 관심을 가져볼 만한 볼거리가 있는 것도 아니다. 그럼에도 오장환문학관을 찾는 사람이 꾸준히 늘고 있다.

옛사람은 부자가 되는 법 중 하나는 집안에 손님이 많이 드는 것이라 했다. 집안에 손님이 많이 오면 힘은 들겠지만, 그로 인해 그 이상 또 다른 무언가를 얻을 수 있기 때문이다.

올해로 오장환문학제가 14회를 맞는다. 14회를 오는 동안 많은 분의 노력과 고생이 있어 매년 품격 높은 문학제가 되고 있다. 오장환 시인의 문학적 가치를 고장의 귀중한 자산으로 여기고 고생도 기쁨으로 아는 이 고장 사람들의 열정이 있어 가능한 일이다.

지난해에는 시비 제막행사를 하였으며 오장환문학상도 제정되었다. 9월 19일 이곳 오장환문학관에서 문학제 둘째 날 행사로 제14회 오장환 백일장, 시·그림 그리기 대회, 시 낭송대회가 있게 된다. 올해 문학제 표제는 '작은 새로 하여금 아름다운 노래를 부르게 하소서'이다.

여러 곳에 건립한 다른 문학관에 비해 오장환문학관은 상당히 불리한 조건을 가지고 있다. 그러나 작은 새가 부르는 노래를 함께 부르기 위해 많은 이들이 행사에 참석할 것이다. 또한, 작은 새가 부르는 노래는 축제에 오신 손님들에게 오장환문학관은 '규모는 작아도 전국에서 가장 아름다운 문학관'으로 기억하게 할 것이다. 그것이 보은이 가진 힘이고 옛 영광을 꿈꾸는 회인의 미래이기 때문이다.

*-2009년*

## 연기 속으로

공연한 짓을 한 것 같다.

답답했던 마음이 시원하게 뚫리는 것도 아니고 친구에게 가졌던 미안한 마음이 수그러들지도 않는다. 다시 담배 한 개비를 꺼내 불을 붙인다. 밭은기침을 하며 담배 연기를 깊이 흡입한다. 이런 행동으로 납덩어리 매단 듯 무거워진 마음이 가벼워진다면 아궁이에 불을 지피듯 스무 개 한 갑도 한 번에 태울 수 있으련만…….

성장기 나는 사는 일이 참으로 버거웠다. 뚜렷하게 대상도 찾지 못한 불평과 불만이 비만 오면 폭발을 했다. 추수기 땡볕에 튀는 콩처럼 미움이 가슴에 뭉쳤다가 끝도 없이 터져 나왔다. 사실 미움과 불평의 근원은 분명하였다. 가서, 지금은 없는 사람 때문이었다. 그 진원지에서 세상으로 흘러갔다.

어머니 한숨의 진원지도 그곳이었다. 그때 내가 마신 것은 공기가 아니라 어머니의 한숨이었다. 더구나 어머니가 몸이 쇠약한 나에게 달여 주는 약은 지금도 생각만 하면 오금이 저려 온다. 쓴맛이 강한 미지근한

돼지 쓸개즙은 정말 고약했다. 어머니의 성화에 시퍼런 액체를 마시며 하루를 견디지만, 나의 삶이 매일매일 이렇게 이어진다면 그만 그 손을 놓고 싶었다. 그 기억들은 무쇠솥에 달라붙은 그을음으로 남아서 털고 또 털어내도 오래 떨어질 줄 몰랐다.

청년기는 '인생의 황금시대'라 하였는데 나의 이십대는 작은 바람에도 휘청거렸다. 이쯤에서 삶이 그만 멈춰지길 바랐다. 청춘이 품어야 할 이상도 꿈도 없었다. 불도 켜지 않은 방안에 웅크리고 앉아 하루가 지나감을 안도했고 내일이 오는 것을 겁냈다.

아버지가 돌아가신 충격에서 헤어나지 못하던 나의 육체와 정신은 나날이 피폐해져 갔다. 이제까지 누려왔던 많은 것을 포기해야 한다는 것을 인정하지 못했다. 끝없이 바른길로 보이던 나의 앞길은 보이지 않았다. 고독은 내 안 깊숙이 파고들어 내 영혼을 갉아먹었다. 그러니 내 삶이 무기력해질 수밖에, 아무리 애를 써도 고단한 삶의 바다를 건널 수 없는 안타까움에 지쳐갈 때 손을 내밀어 준 친구가 있다.

인생을 살면서 참으로 많은 사람을 만나게 된다. 그 만남이 소중한 것은 어떤 사람을 만나느냐에 따라 그 사람에 삶의 방향이 결정되기도 한다는 것이다.

그녀는 내가 다닌 회사의 입사 동기생으로 데면데면 하던 사이였다. 부서도 달랐지만 일이 끝나면 퇴근하기에 바빠 친해질 시간이 없었다.

또 다른 이유는 자존감이 없던 나의 성격이 그녀를 멀리하게 하였다. 맡은 일도 똑소리가 나도록 완벽하게 하였지만, 성격도 좋아 동료들과 잘 지내는 그녀의 좋은 장점들이 정말 부러웠다. 이상하게도 같은 유니폼도 내가 입으면 어둡고 칙칙하게 보였고, 그녀가 입으면 옷에도 표정이 있는 듯 밝아 보였다. 그런 소소한 것들이 내 마음에 깊은 상처를 만들고 쌓여만 갔다. 나의 모자란 부분들은 자꾸만 드러났고 곤경에 빠졌던 나는 휴직을 하게 되었다. 그때 그녀가 찾아왔던 것이다. 예고 없는 방문에 당혹스러웠고 짜증이 났다.

그러나 그녀는 굳어진 내 표정에도 아랑곳하지 않고 스스럼없이 대문을 밀고 들어왔다. 그리고 오랜 친구처럼 정답게 굴었다. 그녀는 나를 위해 간절하게 기도까지 해주었다.

까맣게 잊고 있던 그녀를 이십 년 만에 만났다. 지방신문에 실린 나에 대한 기사를 보고 그녀가 전화를 걸어왔던 것이다. 그런데 그녀의 음성은 하루를 살더라도 당당하게 살아야 한다며 용기를 주던 늘 자신감

넘쳐나던 그때 그 목소리가 아니었다.

이십 년이란 시간이 결코 짧은 시간은 아니지만, 그녀는 내가 생각하던 것 이상으로 변해있었다. 세월은 그녀에게서 젊음만 앗아간 것이 아니었다. 맑은 영혼까지도 도륙을 낸 듯 나를 바라보는 시선이 심하게 흔들렸다. 의아하게 쳐다보는 내게 담배를 너무 많이 피워서 목이 가렸다며 희미한 웃음을 보인다. 그 웃음이 너무나 쓸쓸해서 왈칵 눈물이 솟았다.

목울대에서 갈라져 나오는 목소리와 아무렇게 걸친 옷, 허공을 응시하는 초점 잃은 눈, 윤기 잃은 피부가 친구의 고단한 삶을 대신 말해주었다.

다시 담배 한 개비를 물어본다. 온 세상이 혼절한 듯 이지러진다. 담배가 친구의 생활고를 가져왔는지 생활고가 친구에게 담배를 가져왔는지 알 수 없지만 분명한 사실은 친구가 삶의 늪에 빠져 있다는 사실이다. 이십 대 그녀는 젊은 날 나를 위해 얼마나 간절히 기도해 주었던가. 그런 그녀에게 사치스럽게도 시집 한 권 보내는 것으로 내 마음을 전했다.

담배를 비벼 껐다. 창문을 열고 한참이 돼서야 정신이 맑아졌다.

*-2003년*

## 바람 잔잔하게 일렁거리는 날

호랑이는 죽어서 가죽을 남기고, 사람은 죽어서 이름을 남긴다, 고 했다

이름을 남긴다는 것, 그 이름이 어느 쪽(세상을 위해 의로운, 즉 누구나 원하는 이름과 욕된 이름)인가 하는 점이 심히 중요하다. 그러나 이름의 중요성에 비례해서 자신의 이름값을 하며 제대로 사는 사람은 많지 않다. 대체로 많은 사람이 세상에 왔다간 흔적이 미미하고 그나마 시간이 지나면 흐려져 사라지게 된다.

지나고 나면 그 빠르기가 활시위를 떠난 화살 같은 세월을 살면서 내가 세상에 없을 때, 나를 아는 이들이 나를 어떻게 기억해 줄까? 언제부터인가 이런 생각을 자주 한다. 생각이 여기에 머물게 되면 아직 오지 않은 시간에 대한 두려움에 소름이 돋으며 움찔 놀라게 된다. 하지만 거창하게 이름을 남기지 못했다고 해서 그 사람의 삶에 대해 천편일률적인 정의를 내릴 수 있는 것 또한 아니다. 주어진 일에 감사하면서 열심히 산다면 그것도 성공한 삶은 아닐는지.

향을 싼 종이에서는 향내가 나고, 굴비를 엮은 새끼줄에서 생선의 냄새가 난다는 것을 모르는 사람이 있을까. 옹달샘 물을 젖소가 먹으면 우유를 '펑펑' 만들 수 있지만 뱀이 먹었다면 '독'을 만들게 된다. 이 또한 모르지 않는다. 사용하는 주체가 달라졌을 때 향내와 생선 비린내, 우유와 맹독, 엄청난 차이이다.

사람과 사람 사이에는 '과'가 있어 거리감이 있게 된다는 우스갯소리도 한다. 하지만 같은 집단 속에서도 우유 쪽과 맹독에 가까운 사람도 분명 있게 된다. 이처럼 같은 세상도 바라보는 마음에 따라서 차이는 크다.

사람의 본성에는 선천적인 것과 후천적인 것이 있다. 급변하는 환경의 변화로 후천적인 것이 선천성보다 우선되는 경우를 종종 보게 된다. 그러나 개개인이 가진 선천성(본질)이 그리 쉽게(선에서 악, 악이 선) 변하지 않는다. 이런 정의가 나의 오만함에서 비롯된 생각일 수도 있겠지만.

생선 장수의 마음에도 생선 비린내가 날까, 의문부호가 찍힌다. 어떤 사람의 단면만 보고 평가된 오류는 극복되어야 한다. 권력과 금력으로 겉모습은 포장될 수 있다. 하지만 마음까지는 공통분모가 되지 못하는 경우가 많다는 것이다. 어떻게 살아왔는지도 중요하지만 어떻게 살아가느냐가 매우 중요하다. 사람에게도 개개인이 가지는 고유의 향기가 있다고 본다. 이름을 남기는 사람만을 훌륭하다거나 인생이 성공적이었다고 말할 수는 없다. 자신이 속한 작은 사회에서 그가 움직이는 동선 안에서 향기롭게 살 수 있다면 그것 역시 가치 있는 삶이고 적어도 잘못 산 인생은 아닐 것이다.

내가 아는 사람 중에 그런 사람이 있다. 오랜 만남은 아니지만, 그와 이야기하다 보면 내가 부끄러워질 때가 많다. 그 사람처럼 세상에 겸손하며 배려하고 살기도 쉽지 않을 것이다. 그가 맑은 정신의 소유자가 아니라면 그런 마음이 순간적으로 나오지는 않을 것이다. 긍정적인 생각과 세상에 대한 겸손한 마음, 따뜻한 시선으로 바라보기, 그런 모습이 보는 관점에 따라 어눌해 보이고 얼마간 모자라게 보일 수도 있다.

하지만 한두 번 만나면서 이 사람에게서는 참으로 사람냄새가 나는구나, 했다. 이름을 남긴다는 것 쉬운 일은 아니다. 그렇다고 어려운 일도 분명 아닌 것 같다. 주위의 모든 사람이 진솔한 마음의 그를 좋아한다.

이렇듯이 세상 보기가 따뜻해서 누군가의 가슴에 이름 석 자 남길 수 있다면…….

## 무죄

S선생은 중등학교 국어교사로 재직하고 있다. 선생은 전교조 사태로 많은 교사가 구속당했을 때 침묵하였던 자신의 비겁함에 대한 속죄로 일체 신문과 방송을 보지 않았다고 한다.

당시 S선생이 했던 일은 퇴근 후 술을 마시고 취하는 일이었다. 새 정부를 열렬히 지지할 수도 그렇다고 이 나라를 떠날 수도 없던 그에게 술은 최상의 도피처였다. 여러 날이 지나면서 과함은 모자람만 못하다고 만취하는 날이 많아졌고 술이 S선생의 정신을 파먹기 시작했다. 술기운에 정신을 지배당하면서 선생은 문학행사 때마다 그의 탁월한 식견은 빛을 잃어갔다.

행사가 끝나면 뒤풀이 시간이 자연스럽게 이어지는데 염불보다 잿밥이라고 이런 시간이 있어 행사에 참석한다던 회원도 있다. 나도 행사가 끝난 후에 시간을 즐기는 사람 중의 하나이다. 순전히 뒤풀이 때문에 행사에 참석한다고 대놓고 말하지 못할 뿐이다. 문학인의 모임이라 소박한 저녁상에 소주잔 부딪치는 것이 전부지만 황제의 밥상 앞에라도 앉은 양 목소리가 높아간다.

문학이란 길을 가고는 있지만, 목적이 같은 사람들 속에도 무리가 만들어진다. 편한 사람끼리 자리를 하게 되는데 오늘은 D선생이 여인들에게 둘러 쌓여있다. 어느 여인이 가져왔는지 장미 다발이 그가 앉은 자리의 상 위에 놓여있고 여인네의 웃음소리가 낭랑하다.

내 앞에 앉아 연속해서 술잔만 비우던 S선생의 눈이 자주 그쪽을 주시하더니 슬그머니 일어난다. 잠시 후 선생이 걸어간 쪽에서 외마디 소리가 들려서 반사적으로 벌떡 일어났다. 맙소사, 벌어진 광경에 입을 다물 수가 없다.

S선생은 한 번도 본 적이 없는 어느 여인을 잡겠다고 휘청거리는 걸음으로 종잡을 수 없는 행동을 하고 있었다. 옷소매를 잡는 나를 뿌리치면서 선생은 여인을 향해 다시 돌진했고 영문도 모르고 여인은 연신 비명을 지르면서 무작정 내달린다. 내가 보아도 반할 만큼 고운 얼굴의 여인이었다. 어떡하든 사태를 수습해야 했기에 제발 그만두라고 소리를 지르자, 선생이 하는 말이 걸작이다.

'왜, 왜, 여자들은 죄다 D만 좋아하느냐'고 하는 말에 곡절을 알 수 없던 S선생의 이상행동은 촌극으로 끝을 맺었고 웃음소리는 오래 그치지 않았다.

후에 S선생의 집에 들렀다가 선생의 시집에 친필을 받아서 그 여인에게 전하는 것으로 그때 일을 마무리하였다. 술 때문에 생긴 일이다.

선생은 그 고운 여인이 D선생이 숨겨놓은 연인인 줄 알았으며, D선생 보호 차원에서 한 행동이었다고 강변하지만.

글쎄요 …….

*- 2001년*

## 누이

입춘 추위가 어느 해보다도 매서운 날, 한 통의 편지를 받았다.

저에게는 누이가 한 분 계십니다. 육순이 넘어 할머니가 된 누이. 고생을 많이 하신 탓에 나이보다 더 늙게 보이지만 그런 누이의 모습마저도 아름답게 보입니다.

그만큼 제게 누이는 각별한 사람입니다.

어머니는 행상을 하면서 3남 1녀를 혼자서 키우셨는데 집안일은 누이의 몫이 되었습니다. 집안 형편은 먹는 날 보다 굶는 날이 더 많았을 정도로 어려웠습니다.

학교에서 돌아온 어느 날 보리쌀을 삶아 놓은 것이 보였습니다. 배가 등짝에 붙을 정도로 허기졌던 전 보리밥을 아주 조금 먹었습니다. 그러나 한번 입에 붙은 맛은 자꾸만 저를 잡아당겼습니다. 한 순갈만, 딱 한 순갈만 더 먹고 그만 먹어야지 하면서 순갈을 놓지 못했습니다.

행상에서 돌아오신 어머니는 식구들의 저녁밥을 혼

자서 먹어 치운 제게 매질을 했습니다. 그때 누이는 저를 감싸며 그 고초를 대신 겪기도 하였습니다.

어머니보다 더 어머니 같은 누이는 초등학교만 졸업하고 산업 전선에 뛰어들었습니다. 순전히 동생들의 학비를 벌기 위해서였습니다. 꼬박꼬박 누이가 보내오는 돈을 모아 상급학교에 갈 수 있었고 꽁보리밥이었지만 배불리 먹게 되었습니다. 누이가 보낸 것은 그냥 돈이 아니었습니다. 우리 형제들을 영원히 살게 하는 생명수 같은 것이었습니다. 누이는 돈을 아끼려고 한겨울에도 온기가 없는 냉방에서 지냈습니다. 이처럼 누이는 당신보다 동생을 먼저 생각하였습니다.

아낌없는 사랑으로 동생들이 자립할 수 있도록 발판을 만들어주신 누이가 전 재산을 사업이 어려운 저를 위해 내어놓았습니다. 그 누이가 지금 투병 중에 계십니다. 병상에 누워서도 동생의 사업을 걱정하는 누이를 생각하면 자꾸 눈물이 흐릅니다. 저는 지금까지 받기만 했고 준 것이 없기 때문입니다. 제가 받은 그 이상의 사랑을 돌려주어야 하는데 누이에게 남은 시간이 그리 많지 않습니다.

보내온 편지를 읽으면서 사랑에 대해 깊게 생각해보았다. 사랑이 많은 기적을 낳지 않았다면 사람들은 사랑을 신성하게 여기지 않았을 것이라 했다. 그러나 사랑의 기적은 누군가의 헌신적인 희생을 반드시 수반하게 된다.

누이도 그중 하나이다. 누이는 질곡의 현대사를 살면서도 씩씩하였고 최악의 상황도 자신의 것으로 받아드린다. 이런 불평등은 당시 사회의 구조적인 모순도 한몫 거들게 된다. 그러나 근본적으로 사랑이라는 마음을 잃지 않았기에 우리 시대의 누이는 온갖 어려움도 꿋꿋하게 헤쳐나갔던 것이다.

'가난은 나라님도 구제하지 못한다.'는 절대 빈곤시대였던 60~70년대, 보다 많은 누이는 구로공단이나 마산수출자유지역으로, 때로는 가사도우미로 나선다. 이 시기 제1·2차 경제개발 5개년계획으로 후진국 특유의 절대적 빈곤의 악순환으로부터 서서히 벗어날 수 있는 기회가 된다. 한강의 기적이라고 표현되는 고도의 경제성장률 이면에는 양질의 값싼 노동력이 되었던 우리의 누이가 있었던 것이다.

자신의 삶을 송두리째 태워 희망의 빛이 되었던 그들이 서서히 역사의 뒤안길로 사라지고 있다. 그 고단한 삶이 안식에 든다 해도 우리 시대 누이의 모성애적 사랑은 세상을 오래오래 따사롭게 할 것이다.

*-1998년*

## 이것이면 …….

마음이 초조해서 그런지 시계의 분침에 눈이 자주 간다. 예정한 시간에서 이십 여분이 지나고 있다. 좌장을 맡은 김 詩人은 발제자와 토론자에게 이야기가 길어지지 않도록 分 단위로 시간까지 정해준다. 토론은 진중하였고 열기는 점점 뜨거워진다.

그러나 나는 세미나를 더는 지켜보지 못하고 일어서야 했다. 마지막 순서인 '밀물 든 자리'의 시평으로 '면면한 그리움, 단호한 순간의 흔적'이라고 정립한 발제에 대해서는 관심도 많았는데 토론현장에 참여하지 못한 아쉬움과 시인에 대한 미안함이 교차하였다.

고맙게도 옆에 앉았던 이 선배가 따라 일어나 준다. 사람들의 시선에서 덜 무안하게 하려는 배려일 것이다. 출입구까지의 거리가 오늘처럼 멀게 느낀 적은 없지 싶다. 도중에 바닥 턱에 걸려 잠시 몸의 균형은 잃었지만, 선배가 옆에 있어서 민망함을 다소나마 감출 수 있었다.

행사는 대부분 저녁 시간에 이루어진다. 시 외곽에 사는 나는 막차시간에 쫓겨 허둥대다 보면 집으로 가는 길이 한없이 멀게만 느껴진다.

등 뒤에서 행사장 문이 닫히고 나면 다음 행사에는 빠져야지 하다가도 일정이 정해지면 또 달려 나오게 된다. 돌아갈 길을 걱정하면서도 무엇에 홀린 듯 행사에 참여하고는 한다. 나를 크게 반기는 사람이 있는 것도 그렇다고 내 몫의 일이 있는 것도 아닌데도 말이다.

지난번에는 金시인에게 왕복 두 시간 거리의 내 집 앞까지 오게 하는 신세를 졌다. 오늘도 행사가 끝나면 태워다 주겠다고 金은 말한다. 하지만 점점 염치없는 사람이 되는 것 같아 고마운 마음만 받았다. 행사장을 나와 어두운 골목길을 걷고 있는데 뒤에서 李선생이 부른다. 버스시간에 늦지 않도록 차편이 닿은 곳까지 데려다 주겠단다. 허겁지겁 오른 버스는 막차라서 그런지 앉을 자리가 마땅치 않다.

만 리 길 나서는 길 처자를 내맡기며 맘 놓고 갈 만한 사람 그 사람을 그대는 가졌는가?

온 세상 다 나를 버려 마음이 외로울 때에는 저 마음이야 하고 믿어지는 그 사람을 그대는 가졌는가?

-함석헌 「그대 그 사람을 그대는 가졌는가」 부분

그 물음에 '예'라고 단호하게 답은 할 수 없다. 하지만 나의 가을이 풍요롭게 익어가도록 따뜻한 시선을 보내주는 이들이 있다. 전시회 소식을 전하면서 슬며시 고운 빛깔로 만든 엽서를 쥐여주던 손 선생. 행사장에서 버스 앞까지 동행해 주던 길동무들.

어두운 버스 안에서 이리저리 흔들리면서 이런저런 인연으로 맺은 그네들이 떠오른다. 이것이면 족하지 않는가.

## 모순

경칩이 지나면서 기온이 많이 올라갔다.

꽃샘바람이 간혹 날은 세우지만, 등에 닿는 햇살이 싫지 않을 만큼 따사롭다. 주말에 내려온 딸애가 유리문에 붙어 서서 쏟아져 들어온 봄볕에 몸을 맡기고 있다. 처음으로 집을 떠나있어 어지간히 외로움을 탔는지 우리 집이 좋다며 연신 감탄의 말을 쏟아낸다.

수없이 많은 길 중에 집으로 가는 길이 가장 편하고 좋은 길이라 하던가. 떨어져 지내다 보니 집의 소중함을 절실하게 느꼈는지 응석까지 부린다. 욕실은 공동으로 사용해야 하고 방안에 가구는 책상 하나와 옷걸이 뿐이니 불편한 점이 한둘이 아닐 것이다.

결혼 전, 집을 떠나 혼자 살 때도 그랬지만 결혼해서 얼마 동안은 지금 딸아이가 느끼는 것 이상으로 나의 생활도 불편했었다. 아궁이에 불을 지펴야 밥이든, 국이든 끓었고 빨래를 하려면 공동 빨래터가 된 냇가로 가야 했다. 다른 방법은 없었다. 먹을거리 대부분을 자급자족하는 형편이다 보니 온종일 바쁘게 움직이지 않으면 안 되었다. 잠이 부족해서 씻는 시간도 아까워하였고, 새벽을 알리는 닭이 울기 전에 일어났다. 일에 지쳐서 저녁이면 물먹은 솜처럼 육신은 무거웠지만, 고생이라고 생각한 적은 없다. 나의 기억 속의 집은, 겨울 빨래터에서 돌아와 꽁꽁 언 손을 녹일 수 있을 정도의 따뜻함으로 충분히 행복하게 하였던 것이다.

그러나 주택이 재산증식을 위한 수단으로 가치가 변해가면서 생활에도 많은 변화를 가져왔다. 무소유의 삶을 실현해 가고 있는 법정 스님은 처음이자 마지막이라는 단서를 단 주례사에서 신랑 신부에게 쓰레기를 줄이라고 당부한다. 신혼 때라 여기저기서 선물이 들어오거나 물건을 집안에 들여놓을 텐데, 들여놓는 만큼 물건의 노예가 된다는 것이다. 반드시 필요한 것이 아니면 집안에 두지 말고 다른 사람에게 줄 것이며 적게 가지되 풍요롭게 살라고 한다.

'삶의 풍요는 많고 적음의 문제가 아니다.'라고는 하지만 세월은 나에게 삶의 질이 아닌 생활의 질을 높이는 일에 집착하며 살게 한다. 집은 가족이 편히 쉴 수 있는 곳이 아니라 보여주기 위한 전시 공간 같은 곳이 되어 버렸다. 방마다 자리한 침대는 넉넉하던 공간을 가족이 한자리에 앉지 못할 정도로 비좁게 만들었다. 시간이 지나면서 집안을 빈틈없이 채웠던, 그래서 바라보기만 해도 흐뭇하던 물건들은 빛을 잃어갔다. 더 이상 물질의 풍요가 행복의 잣대는 아니게 되었다. 창고 안에는 먼지를 뒤집어쓴 쓸모없는 물건들이 점점 쌓여만 간다. 정리를 하면서 버리지만, 여전히 버려야 할 물건들은 줄어들지 않는다.

물건의 노예가 된 지 이미 오래지만 벗어나지 못한다. 판매촉진을 위해 공짜로 주는 물건을 거절하지 못하고 덥석덥석 받아서 집으로 가져온다. 재활용도 어려워서 돈을 부쳐야 버릴 수 있는 물건이 집안에 가득 차 있는데 외출 때마다 꼭꼭 문을 잠근다. 생활의 질은 결코 안전한 삶까지 보장해 주지는 않기에 제대로 문이 잠겼는지 확인하고 또 확인한다.

이런 내가 딸아이에게 생활의 질이 아닌 삶의 가치를 높이는 일이 더 중요하다, 는 말을 해도 되는 건지.

*-2006년*

# 제2부

# 우리가 꿈꾸는 세상

우리는 서로의 삶의 질을 높이자고 모인다. 그래서 목소리를 높일 때도 많다. 하지만 삶의 질을 높이는 노력이 단지 생활의 질을 높이는 데 그치고 있는 건 아닌지 모를 일이다.

'우리가 꿈꾸는 새로운 세상'이란 무엇일까. 서로의 다름을 인정하고 다른 생명과 영혼, 그리고 사는 방식까지도 소중하게 생각하는 그런 세상이 아닐까 한다.

# 우리가 꿈꾸는 세상

**1.**

길이 아니면 가지 말라고 했다. 그러나 우리는 그 길이 정도(正道)라는 것을 분명히 알면서도 가지 않는 적은 혹, 없었을까.

늦은 점심을 먹고 나와 김 선생, 그리고 또 다른 金이 식당을 나섰다. 순간 팽팽하게 당겨졌던 무명천이 갈기갈기 찢기는 소리가 나면서 승용차 한 대가 건널목 앞에서 급정거했다가 시야에서 멀어진다.

차도에 가볍게 내려앉은 비둘기 한 마리가 길을 찾는다. 그 길이 저 살 길인지 아닌지도 모르고 들어섰다가 차 소리에 놀라 날갯짓도 못하고 종종걸음으로 허둥거린다.

저러다 죽지,

김 선생이 손에 들고 있던 이쑤시개를 던진다. 적당히 배가 불렀고 꽃향기에 미혹되어 그리 급할 것 없이 걷는 중이었다. 놀란 가슴을 쓸어내기도 전, 바로 그때 빠른 속도로 돌진하던 또 다른 택시가 길을 찾던 비둘기를 치고는 시야에서 멀어진다.

**2.**

제1회 오장환 시인 생가 예술제를 보은 민예총이 주관하면서 백일장의 원활한 진행을 위해 시인의 고향 마을 초등학교 교장 선생님을 면담하였다. 면담시간 내내 근엄하고 권위적으로 느껴졌다. 대화는 겉돌았고 처음에는 학교 측의 의중을 잘 알 수 없었다.

핵심은 학생들의 백일장 참여가 어렵다는 것이다. 간단명료하게 말해도 될 텐데 이야기가 길어지더니 생색을 내듯 협조는 하겠다고 말한다. 말미에 우리 학교는 다행히 전교조 선생님이 없습니다. 그들이 있으면 골치 아픈 일이 한두 가지가 아닙니다, 하는 말에 피식 웃고 말았다.

**3.**

ㅇㅇ학교의 김 교수를 떠올렸다. 97년 대학에서 평생교육원이 문을 열면서 수강신청을 했다. 지도교수가 김 교수였다. 그런데 수업 중에 좋지 않은 일이 발생했다. 그 진원지는 수강생 중의 한 사람으로 김 교수의 친구라고 하는 사람이었다.

수업 중 종종 김 교수는 친구인 수강생에 대해 좋은 일을 한다고 장황하게 칭찬의 말을 아끼지 않았다. 그 사람이 친구인 김 교수의 강의시간에 험악한 분위기를 만들고 있었다. 고함소리는 점점 커졌지만, 눈을 내리감은 김 교수는 미동도 없다. 수습이 안 되는 험악한 분위기에 내가 먼저 폭발할 것 같아서 문을 열고 나와 버렸다. 나는 딱 3주, 6시간 강의를 들었다. 사정이야 어찌 되었던 김 교수도 내게는 한분의 스승이시다.

오래 시간이 지난 후, 문학상 시상식이 있었고 수상자가 나와는 친밀한 터라서 행사에 참석했다. 오랜만에 본 김 교수가 반색하며 반가워한다. 이런저런 이야기가 오갔다. 회장 직함을 갖고 있던 김 교수가 긴급제안을 한다. 자신이 회장으로 있을 때 대추 고을에 지부를 만들자며 손잡고 그 일을 같이하잔다. 오늘 잘 만났다며 유쾌하게 웃었다.

저 민예총 회원…….

갑자기 김 교수의 표정이 싸늘해졌다. 기대가 컸을 것 같지는 않았고, 아마 내가 크게 실망하게 한 모양이다. 김 교수는 손을 내저으며 더 이상 이야기할 것도 없다며 나의 말을 가로막았다. 바라보는 눈초리에 껄끄러움이 역력하게 묻어났다. 물론 내 느낌뿐인지도 모른다. 김 교수의 성격이 어떻다는 것을 이미 한번 겪었기에 그때 참았던 기억까지 떠올라서 그 서운함에 화가 치밀었지만, 문화 권력에 대항하지 못하고

스스로 분을 삭여야 했다. 그날 그 자리는 평생 나에게 기억하고 싶지 않은 시간이 되었다

우리 집, 우리 학교, 우리 동네, 우리나라, 너와 내가 모여 '우리'가 되면 나 하나 보다는 분명 큰 힘을 가지게 된다. 때론 역사의 물줄기까지 틀어 '우리가 꿈꾸는 새로운 세상'으로 성큼 다가갈 수 있는 길을 만들기도 한다. 폭정과 억압 속에서 다수의 인권을 위해 기꺼이 불꽃이 되어준 이도 '우리' 속에 있었다.

여러 개의 우리 반이 모여 우리 학교가 되고, 우리 동네가 모여 우리나라가 되듯, 사람은 함께 공존하고 상생하는 관계로 살아가야 한다. 그런데도 '우리'와 '또 다른 우리'는 늘 대립구도를 가진다. 전교조를 인정하지 않는 교장선생님, 민예총의 존재를 달가워하지 않는 김 교수. 그런가 하면 '우리나라' 또한 두 토막인 상태에 있다.

'우리'란 과연 무엇이며, '우리'라는 무리 속에 우리는 과연 어떻게 살고 있는 걸까.

'우리' 속에서 '우리'와 다른 행동을 한 사람에게는 또 어떠한가. 또 다른 우리를 왕따로 내몰아 죽음에 이르게 하지는 않았는지. 초등학교 1학년 어린아이를 묶어놓고 수업을 했던 어느 선생님의 돌출행위가 바

로 그런 건 아니었는지?

방금 나는 가쁜 숨을 토하며 세상을 향해 살려 달라고, 길을 열어 달라고, 날개가 부서지도록 파닥거리던 비둘기를 모른 척했다. '우리' 속에 너무나 익숙해져 있기에 '또 다른 우리'에 고개 돌리고 외면했다. 갈기갈기 찢기고 바스러진 흔적을 지나치면서 나는 그저 눈살만 찌푸리고 만 것은 아닌가.

우리는 서로의 삶의 질을 높이자고 모인다. 그래서 목소리를 높일 때도 잦다. 하지만 삶의 질을 높이는 노력이 단지 생활의 질을 높이는 데 그치고 있는 건 아닌지 모를 일이다. '우리가 꿈꾸는 새로운 세상'이란 무엇일까. 서로의 다름을 인정하고 다른 생명과 영혼, 그리고 사는 방식까지도 소중하게 생각하는 그런 세상이 아닐까 한다.

*-2004년*

## 성지(聖地)의 장날

어린 시절, 내가 살던 동네 밖의 세상이 참으로 궁금하던 때가 있었다. 매일 같이 만나는 하늘, 산, 들판은 항상 같은 모습이었고 하루하루가 지루하기 짝이 없던 날들이 계속되었다. 답답함을 벗는 일은 산과 산이 겹쳐지고 막아버린 그 너머의 세상을 보는 것이었다. 하지만 고개를 네 개나 넘어야 하고 내(川)를 건너야 하는 오십 리 길은 어린 내가 엄두를 내 볼 수 있는 길은 아니었다.

하루가 얼른얼른, 열흘이 하루처럼 지나길 바라던 내가 고작 하였던 것은 마루 끝에 서서 앞산의 키 큰 나무를 세는 일이었다. 하나, 둘, 셋……, 왼쪽에서 오른쪽으로, 오른쪽에서 왼쪽으로 세고 또 세어 보지만 그 수가 한 번도 똑 떨어지게 맞은 적이 없다. 겨울이면 잎 푸른 나무도 세 보고, 봄볕 따사로운 날에는 온 산을 분칠한 듯 꽃을 피운 나무를 세지만 내게 산 넘어 그곳은 여전히 아득하게 먼 곳이었다.

궁금함이 목젖까지 올라 온 나는 편지를 써서 장마당에 나가는 아버지의 바지 주머니에 집어넣고는 하였다. 그 주머니가 도깨비 방망이 사촌쯤 되었으면 바랐기에 해 지는 저녁이면 설렘으로 가슴이 뛰었다. 그러나 그토록 동경하고 꿈속에서조차 가고 싶어 하던 읍내 장을 다녀오신 아버지의 주머니는 여전히 비어 있다. 서운한 내 마음을 아셨을까, 지나간 겨울에 장사치가 다 얼어 죽었다며 아버지는 '허허' 웃을 뿐이다. 해가 지고 어둠이 시작되는 그 경계에서 그렇게 기다림은 멈추지만, 밤이 지나고 아침이 오면 다음 '장날'을 또 손으로 꼽으며 기다렸다.

은혜를 갚는다는 명칭을 가진 대추 고을 보은군은 오랜 옛날 삼국시대만 해도 삼년산군(三年山郡) 또는 삼년군(三年郡)이라 불렀다. 백제의 침략을 막기 위해 신라가 성을 쌓았는데, 삼년 만에 쌓았다고 삼년산성이라 하며, 보은을 삼년산군으로 불렀다는 기록이 있다.

보은읍 동쪽 끝에 있는 삼년산성은 동시대 쌓은 많은 산성을 연구하는데 귀중한 자료가 되고 있다. 보은 팔경 중 하나로 꼽는 고성추월(固城秋月)의 '고성'은 곧 삼년산성이다. 신라가 삼년군을 확보함으로써 삼국통일을 이루는 데 중요한 토대를 마련했다고 할 만큼 대추 고을 보은은 전략적 요충지였다.

삼년산군은 고려 태조 때 보령(保齡)으로 부르다가

조선 태종(太宗) 때 와서는 보은(報恩)으로 바꾸어 부르게 된다.

길이 끝나는 곳을 안타깝게 바라보며 산도 넘고 내(川)를 건너 마음이 먼저 갔던 보은읍에 들어와 산지도 수십 년이 되었다. 이제 살아온 날보다는 살아갈 날이 적은 나는 더 자주 장마당을 나온다.

닷새마다 오는 보은 장날은 1일과 6일에 선다. 숫자 1과 6은 음양오행에서 색으로는 검정이고 방위로 보면 북쪽, 계절은 겨울이 되니 그 옛날 아버지의 말씀처럼 얼어 죽은 장사치가 있었을 법도 하다.

장날 사람이 모이는 곳은 중앙사거리에서 동다리 입구까지와 평화사거리에서 시외버스터미널 앞까지로 선을 긋고 마주 이으면 직사각형이 된다. 이 직사각형 안에 대추 고을 재래시장이 있으며 장날마다 모여든 장꾼들이 물건을 파는 화랑시장이 있다.

장마당에서는 오랫동안 잊고 있던 시간을 만나게 된다. 사람이 못 견디게 그립거나 마음의 짐이 더 무거운 날이면 장마당을 걷는다. 그리 새로울 것도 없는 풍경 속에서 오래전 돌아가신 아버지의 흔적도 만나고, 내가 살던 곳의 소식도 듣는다.

사람은 한울이 인격적 존엄성을 부여한 존재이고 한울을 믿음으로써 한울 앞에 모두 동등하게 된다는 동학사상도 만난다. 동학은 비폭력 무전(無戰)인 평화운동으로 죽이지 않고 살리는 운동으로 우리나라 역사상 최초로 일어난 시민혁명이라 할 수 있다.

1893년 봄, 사람들은 그 평등의 권리를 찾겠다고 삼백 리, 또는 오백 리 길을 걸어 보은군 장안면 장내리에 모여들었다. 모였던 동학 농민군의 수는 기록마다 들쭉날쭉한데, 돈을 일 푼씩 걷었더니 이백삼십 냥이 되었다고 전하는 말이 그 수를 짐작게 한다.

장마당을 지나 동학혁명의 성지를 갈려면 다리를 건너가야 한다. 동학 농민군은 다리를 건너면 더욱 가깝게 보이는 삼년산성을 마주해서는, 신라인이 이룬 삼국통일대업보다 더 큰 뜻을 품었을 것이다. 씨앗도 몇 줌 주머니에 넣었을 테고, 평등에 대한 메시지는 가슴에 꼭 품고 다리를 건넜을 것이다.

신라의 변방으로 고구려, 백제와 대치하고 있었지만, 보은은 한 번도 빼앗긴 적이 없는 패자(覇者)의 땅이었다. 그러나 개혁은 실패했고, 왕권사회의 몰락과 식민지제국주의 밑에서 그 생활이 비참했던 동학 농민군에게 보은은 승리의 땅은 되어주지 못했다.

동학 농민군이 몰살당한 대추 고을 보은을 동학혁명의 성지(聖地)라고 한다. 한마음으로 척왜척양(斥倭斥洋) 깃발을 높이 들었던 그 성지의 장날이다.

## 동짓날 그 곳에 가면

대설과 소한 사이에 있는 동지는 밤이 가장 길고 낮이 짧은 날이다. 동지부터 점점 낮이 길어지므로 예전에는 동지를 한 해의 시작으로 보았다. 그래서 동짓날 끓이는 팥죽에는 마음을 깨끗이 씻고 새로운 해를 맞이하자는 의미가 담겨 있다. 동지 때는 보통 '동지 한파'라는 강추위가 오기도 한다.

동지 한파인 듯 폭설이 내리더니 기온은 뚝 떨어지고 바람도 강하게 분다. 내린 눈이 얼어 곳곳이 빙판이다. 속담에 '동지 때 개딸기'란 말이 있다. 추운 동지 때에 개딸기가 있을 턱이 없으니 구할 수 없는 것을 바란다는 뜻이 된다.

그러나 현대사회는 속담을 바꿔 써야 할 만큼 전 분야에 걸쳐 발전에 가속도가 붙고 있다. 딸기는 동짓달에 더는 얻지 못하는 귀한 것이 아니다. 사계절 언제라도 먹을 수 있는 것이 딸기이고, 여름 과일(채소)인 수박과 참외는 철도 없이 식탁에 올라온다. 해서 한겨울에 수박을 먹겠다고 해도 놀라워서 호들갑을 떨 일은 아니다.

다만 동짓날에 수박을 먹는다고 하면, '팥죽이 아니고 수박' 하면서 의아하게 생각은 하게 될 것 같다. 동지 팥죽과 수박은 어떤 관계가 있는 걸까 하고 말이다. 동짓날 그곳에 가면 아주 특별한 수박을 먹을 수 있다.

세상에는 과학적인 방법으론 설명되지 못하는 불가사의한 일들은 있기 마련이다. 부처의 보살핌이 있는 제단 앞이라 하지만 실온에서 수박이 가을을 지나 겨울까지 간다는 것이 도저히 믿을 수가 없었다. 해서 8월에 처음 대면했던 수박을 만나러 11월과 12월 초까지 두 번을 더 그곳을 갔다. 꼭지는 말랐지만, 여전히 수박의 자태는 의연하다.

그곳 연곡리 보탑사는 부처의 가르침이 사방으로 퍼지라는 뜻에서 1층엔 사방불을 모신 곳이다. 그만그만한 크기의 수박은 약사여래불 제단 주위와 따로 펴 놓은 상위에 올려 있다. 약사여래는 약병을 안고 있는 부처로 약병엔 인간의 육신뿐만 아니라 마음에 든 병까지도 보듬어 주는 명약이 들어있다고 한다.

좋은 자리에 앉으면 좋은 기운을 받는다고 하였다. 수박엔 분명 좋은 기운이 서려 있을 것이다. 동짓날 보탑사 수박을 가슴에 품어 가는 이들마다 복을 지어 한층 따뜻한 세상이 되었으면.

그동안 소비가 미덕인 시대에 살다 보니 소중한 것은 소중하게 생각하지 못하고 놓치는 것이 많았다. 적으면 정성이고 많으면 탐욕이라 하는데 더 많이 가지지 못해 안달이다.

한해의 끝에서 나를 돌아보니 후회와 반성할 것뿐이다. 잡히지 않는 내일을 걱정하는 어리석음도 여태껏 안고 있다.

탐욕으로 꽉 찬 마음의 치유를 위해 동지에는 반드시 그곳을 가볼 일이다. 탐욕으로 또 다른 업을 짓게 된다 해도.

## 한 권의 책 ①

혹자(或者)는 인생을 장거리 여행이라 한다. 삶에서 죽음에 닿는 시점이 단위로 잴 수 있는 성질은 아니겠지만, 여행이라 한다면 그 길은 즐거워야 한다. 그 긴 여정이 즐겁지 않다면 생각만으로도 끔찍스런 일이다.

내가 어렸을 때, 여행은 즐거웠고 그런 날은 오래 계속되었다. 무모하게도 지도 한 장 없이 떠나는 여행이지만 즐겁기만 하였다. 처음 만나게 되는 세상은 경이롭기만 하였다. 그러나 머리에 담아야 할 것이 많아질수록 여행의 끝이 두렵고 두려워서 자주 무서운 꿈을 꾸게 되었다. 세상의 소리는 들리지 않고 읽어내지 못하는 까닭에 육신이 무거워 자주 걸음을 멈춘다.

김해숙의 여행스케치를 만나면서 여행에서 또 다른 묘미를 찾게 되었다. 바라는 만큼 버리지는 못하지만, 사실 너머의 세상을 만나게 되었다. 는 작가는, 보수공사라는 명목으로 총탄 자국이 메워진 역사의 현장에서 안타까운 마음을 이렇게 전한다. '노근리 굴

다리의 파편을 빼낸다고 해서, 총알이 박힌 구멍을 메운다고 해서, 흔적을 완전히 지울 수도 없다. 사람들의 몸과 마음에 아픔이 남아 있는 한 흔적은 없어지는 게 아니다.'라고 하였다.

'김해숙의 여행스케치'는 그 의미를 증대시키는 안내서이자 해설집이 아닌가 한다. 세상의 정면(正面)이 전부이고 사실인 것처럼 고집하는 아류에서 살짝 빗겨나 이면(裏面)도 읽어내는 것이야말로 여행의 묘미라 하겠다.

이 책을 내가 소중히 생각하는 것은 우리 고장 즉, 충북의 가볼 만한 곳을 소개한 것에 그치지 않고 독자가 읽어내야 하는 방법을 은근슬쩍 제시하였기에 재미 또한 쏠쏠하다. 해서 장거리여행의 두려움으로 잠을 설친 다음 날에도 어김없이 사실 속에 숨어 있는 또 다른 진실을 만나려 얼마가 될지 모르는 삶의 길을 재촉하게 될 것이다.

*-2005년*

## 보은, 보은사람들……. 보은의 힘 ②

대추 고을 보은은 전설이 많은 고장이다. 전설을 많이 담고 있다는 것은 사람들 발길 또한 잦았음을 알 수 있다. 사람의 발길을 따라 더 많은 전설이 생성되었고, 우리 고장만의 독특한 문화를 형성하게 된다.

삶의 질은 저만큼 밀쳐두고서라도 생활의 질을 논하는 그 자체가 송구스러웠던 시절에 보은은 한 번, 꼭 가볼 만한 곳으로 많은 이들에게 회자되며 주목을 받던 때가 있었다. 우리 고장만이 가진 문화를 공유하기 위해서 사람들은 다투어 보은을 찾았다. 문화는 함께 하는 사람이 많아질수록 한층 빛을 발하게 된다.

수준 높은 문화를 가지고 있는 보은, 좀 더 엄밀하게 말하면 그곳은 보은팔경에서 법주모종 등 사경이 있는 천년고찰 법주사가 자리한 속리산이다. 그래서일까. 고장 이름인 보은보다는 속리산보은, 또는 보은속리산으로 지명이 굳어져 있음을 느낄 때가 많다. 보은은 모른다고 하던 이도 속리산을 보은 앞에 척 붙이면 아! 속리산 하며 반가워하니 말이다.

때론 보은이 속리산보은이라는 같은 꼴로 명명되어

지며 그 곳 주위를 중심으로 더욱 많은 전설과 설화가 분포된다. 설화가 많다는 것은 고유문화가 살아있음의 반증이다. 문화가 살아있는 고장 보은이 어느 해부터인지 대추 고을로 불리며 새로운 문화를 창조하고 있다.

아직은 대추 고을이 내는 힘이 폭발적이지 않지만 여러 문헌에서 대추의 고장을 증명하는 글귀를 만나게 된다. 그 하나가 『두껍전』이다. 고대소설 『두껍전』에 보면 보은 대추에 대해 언급되어 있다. 『두껍전』은 '섬동지전', 또는 '섬처사전'으로도 불리지만 지은이와 연대를 알 수 있는 기록은 없다.

『두껍전』의 내용은 노루가 높은 벼슬을 하고 크게 잔치를 베푼다. 초대된 짐승들은 서로 좋은 자리에 앉으려고 지혜를(입씨름) 겨룬다. 두꺼비와 여우만 남게 되었고 그 둘은 천하를 샅샅이 다녀본 듯 경치, 천문, 지리 등 여우가 질문하면 두꺼비는 답을 하고 서로 막힘이 없다.

여우가 두꺼비에게, 눈은 왜 그렇게 노랗습니까? 하자 두꺼비는, 내 일찍이 보은 현감으로 갔을 때 거기서 이름난 대추 찰떡과 오얏을 많이 먹어 열이 심해 이렇게 누렇다고 답한다.

고대 소설은 우리의 설화가 바탕이 되기도 하지만

그 시작은 중국에서 들어온 패관문학이다. 그 예로 우리나라 소설의 효시라고 말하는 김시습의 금오신화도 중국 명나라 때의 소설인 전등신화의 영향을 크게 받아 탄생하였다 한다.

그러다 18~19세기 영, 정조 시대를 전후하여 나온 문학작품은 그 배경이 중국이 아닌, 우리의 설화나 사회상을 배경으로 이야기가 전개되는 것을 볼 수 있다. 문학작품 속에서 보은의 지명과 보은 대추가 담고 있는 의미는 매우 크다고 할 수 있다. 문헌에 대추나무의 주산지가 충북 보은으로 되어 있는 데서 그 연관성을 찾게 된다. 2세기 또는 3세기 전, 작자 미상의 소설에서 보은 대추를 언급했다는 것은 당시 사회에서 보은과 대추가 갖는 위상이 어떠하였는지 충분히 유추할 수도 있을 것이다.

대추는 성질이 따뜻하고 맛이 달며 단맛은 마음을 안정시켜주는 효용이 있다고 한다. 이 고장 사람의 온화한 심성과 따뜻한 기질을 대추가 많이 닮았는지 고장 사람들이 대추를 닮아 가는지는 모를 일이다.

그 옛날 보은 대추는 혼인비용까지도 해결하여 주었다. '삼복에 비가 오면 보은 처녀의 눈물이 비 오듯이 쏟아진다.'라는 속담도 전해진다. 임금님 진상품으로 그 유명했던 보은 대추가 한때는 이름값에 크게 미치지 못한 적도 있다.

지금 보은 대추는 고장을 대표하는 농산물로 그 옛날 명성을 되찾아가는 중이다. 대추 고을이 주관하는 대추축제는 올해 3회째가 된다. 하지만 아직도 대추 고을이라 하면 고개를 갸우뚱하는 사람도 있다. 대추 축제가 회를 거듭할수록 오래전 누렸던 명성에 걸맞은 이름값을 할 것이라고 믿어 의심하지 않는다.

다만 지난해처럼 대추만 파는 일은 없었으면 한다. 올곧은 보은의 정신을 팔아야 한다고 말하고 싶다. 그로 인해 다투어 대추 고을을 찾게 하고 그들의 발길을 오래 머물게 하는 그 자체가 보은의 또 다른 힘이기 때문이다.

*- 2009년*

## 회귀본능

사람이 만들어 내는 도구가 다양해지고 도시를 중심으로 발전에 가속이 붙으면서 숲이 차지하는 면적이 점점 줄고 있다. 약속을 한 듯이 적당히 환상적이던 것들도 우리 주변에서 사라지고 있다. 그것들이 사라진 자리에는 오직 인간만을 위한 생활에 편리한 새로운 '꼴'의 물건이 자리하게 된다.

거대 자연과의 어정쩡한 한판 대결은 상상을 초월할 만큼 생활의 질을 높게 만들었다. 명철한 두뇌와 도구를 자유자재로 사용할 수 있는 손이 있어 가능한 일이다. 적당히 불편했던 생활에서 벗어나 우리가 꿈꾸는 새로운 세상이 펼쳐지고 있는 것이다. 불가능하게 보였던 것이 가능해지고 있는 현실이다. 많은 사람은 뒤처질 새라 불안한 마음에 단거리 선수처럼 앞만 보고 달리고 또 달린다.

당연히 행복지수는 달려가는 속도만큼 수직으로 상승해야 한다. 허나 아이러니하게도 온갖 질병에 시달리는 현대인이 증가하고 있다는 통계가 나온다. 문명은 생활의 질을 높게는 만들지만 삶의 질까지 책임지지 못함이다. 안타깝게도 그것이 행복함으로까지는 귀결되지 못하니 한계가 거기까지인 듯하다.

우리 조상들은 오랜 세월 수렵생활을 하며 숲과 함께 살아왔다. 또한, 죽어서도 그 숲에 묻히게 된다. 우리의 유전인자 속에는 자연으로 돌아가고자 하는 회귀본능이 있다. 자연과 떨어져 사는 시간이 길어질수록 인간의 몸은 자연을 더욱 그리워한다. 자연과 함께할 때 가장 편안하다고 우리 몸이 먼저 반응하기 때문이다. 더욱 많은 사람이 숲을 찾으면서 숲의 중요성과 무한한 가치를 말해주는 해설도 필요하게 되었다.

녹색 전도사라고 말하는 숲 해설을 아름다운 휴양림으로 강력하게 추천되고 있는 '충북알프스 자연휴양림'에서 시작한 2월에는 참으로 막막했다. 자연 생태계를 어떻게 바라보고 접근해야 하는지 인간과 자연과는 어떤 관계의 다리를 놓아야 하는지, 그 처음이 보이지 않았다. 힘은 들었지만 지나고 보니 그 시간이 있어서 삶의 노트에 행복했다고 적을 수 있었다.

숲을 해설하면서 만난 소중한 인연이 있어 나의 가을은 풍성했다.

*-2011년*

## 털레→털→덜→절

보은하면, 곧바로 대추, 즉시 답이 나오는 대추 고을이 보은이지만 보은이란 이 고장 이름을 오랫동안 널리 알리고 빛나게 했던 것은 거듭 말하지만, 속리산 법주사일 것이다.

보은에 살고 있는 나도 30년 전, 신혼여행으로 속리산 법주사를 다녀왔을 정도로 전 국민의 사랑과 관심을 받았던 속리산 법주사. 절 이름이 먼저 튀어나온다.

절, 절이란 단어는 순수 우리말이라고 한다. 불상에 절을 할 때 절을 많이 해서 생긴 이름이라고도 하고, 불교가 처음 신라에 전해질 때 승려 아도(阿道)가 머문 집이 모례(毛禮)의 집이었는데 이 모례가 털레→털→덜→절이 되었다는 재미있는 이야기도 전한다.

삼국시대 신라가 삼국통일이라는 큰 서원을 품고 창건한 법주사에는 국보 3점, 보물 12점을 비롯한 다수의 유형 문화재가 흩어져 있다.

오랜 역사를 가지고 있는 탓에 하루가 모자랄 정도로 품고 있는 이야기도 많다. 이 거대한 야외박물관 곳곳에서 설법이, 법문이 오늘 하루도 길-게 이어지는데 나의 귀가 열리지 않아 제대로 전해 듣지 못할 때가 많다.

하지만 지금까지 내가 몰랐던 것, 알고는 있지만 잘못 알고 있는, 이해가 어려운 것을 새롭게 아는 일은 즐거운 일이다.

늦게 시작한 공부여서 머릿속 기억창고에 저장해 두기까지는 시간이 오래 걸리고는 있지만, 이렇게 공부할 수 있는 여유를 법주사에 온 후부터 갖게 된 것은 감사할 일이다.

육신은 절망스럽게 아팠고, 마음에는 치유가 어려운 상처를 얹고서는 절뚝이는 걸음으로 '호서제일가람' 법주사 일주문을 들어설 때만 해도 내 눈에는 아무것도 보이지 않았고 들리지 않았다.

마주친 사물은 끊임없이 내게 말을 걸었지만, 그저 하루가 지나면 이 통증이 조금 감해질까. 어느 때가 되면 마음에 이는 분노가 가라앉고 걷는 것이 불편하지 않을까로 머릿속만 복잡했다.

한 번, 두 번, 일주문을 지나는 숫자가 더해지면서 세상에 대한 편견과 독선으로 빗장 단단히 걸었던 마음의 문이 열리면서 만나는 모두가 내게 은혜로움으로 다가왔다.

고마움과 감사할 것이 많아지면서 압박 붕대로 단단히 동여매고도 계단 오르기가 힘겨웠던 무릎 통증도 서서히 줄어들었다. 간간이 붕대를 풀어놓아도 될 정도로 많이 좋아졌다.

지난 몇 달, 신어 볼 엄두도 내지 못한 구두도 신어 보았다.

말보다 글이, 글보다 그림이 더 많은 것을 내포하고 있는 경우가 있다. 조심스러운 걸음으로 법주사 창건설화를 '암각화'로 새긴 바위를 다시 찾는다.

명부전 외벽의 벽화 읽어내기도 즐겁지만 의신 조사와 진표 율사의 이야기는 그림으로 보고 몇 번을 다시 들어도 경이롭기만 하다.

혼자 깨우치는 것은 일찍 아는 것이고, 도움을 받아서 아는 것은 늦게 아는 것이다, 하지만 내게 몇 번을 반복해서 설명해 주는 이가 있어 하루가 즐겁기만 하다.

3인이 행하면 그중에 반드시 나의 스승이 있다, 고 하는데 법주사 경내에서 만나는 모두는 나의 스승으로 사람이 사람답게 사는 법을 은유적으로 일러준다.

아침이 오는 것이 마냥 즐거운 것은 이곳에서 만나게 되는 아름다운 인연이 있어서다. 하루해가 짧기만 하다. 내일은 또 어떤 법문이 나를 행복하게 할까.

서산으로 막 넘어가는 해님이 금동미륵부처님을 단풍빛깔보다 더 곱게 물들이는 저녁. 전각에 매달린 풍경소리가 법문소리 점점 잦아드는 절 마당에 살포시 내려앉는다.

*-2012년*

## 그대에게 가는 길

세월은 빠르고 시간은 더디게 간다, 하던가.

기다리는 시간은 길고 지루하지만 지나고 보면 순간인 것을.

일에는 다 때가 있음을 모르는 것은 아니지만

이미 그때가 지나가 손에 닿을 수 없이 멀어진 다음에야 속절없이 보낸 날들을 그리워하고 안타까워한다.

이 밤도 강물은 흘러간다.
그렇게 흘러가면
사랑하는 마음도
흘러가 버릴까.

온몸을 던져
사랑해도
남은 날이 많지 않은데

부둥켜안고 함께 흐른다 해도
시간은 짧기만 한데.

그대에게 가는 길
보이지 않아.

# 제3부

# 해빙기

핏빛 선명한 노을은 우리 가족에게는 절망의 빛이었다. 도망칠 수도 그렇다고 그 핏빛 속에 스며들 수도 없었다. 침묵하던 아버지가 방앗간을 정리했고 얼마인지 모를 땅과 황소 한 마리가 그의 집으로 옮겨갔다. 비로소 암울한 핏빛의 굴레에서 벗어날 수 있었다. 그러나 그것이 끝이 되지 못했다. 또 다른 시작의 시발점이 되어 좀 더 오래 노을의 아름다움을 알지 못했다.

## 내 마음의 화첩

한번 잠이 깨면 다시 잠들지 못하고 거실을 서성거린다. 무엇인가 잊은 것이, 잃어버린 것이 있는 것 같은 허전한 마음에 내가 걸어온 길을 자주 돌아보게 된다. 그러다 한 수픈, 두 수픈, 잊고 산 기억을 끄집어내듯이 커피를 추출기로 옮겨 담는다. 이내 쌓인 세월의 더께를 밀듯 김은 오르고 가슴속 깊이 가라앉아 잔잔하던 기억도 덩달아 나풀나풀 날아오른다. 허공을 향해 손을 뻗어 힘껏 움켜잡아본다. 혹여나 내게서 저만큼 멀어진 시간이 잡힐 것 같아서다. 지난날을 아름답게 추억하는 것은 다시 돌아갈 수가 없어서라고 하던가, 눈을 감으면 언제나 단발머리의 열네 살 나를 만난다.

중학교 다닐 때, 수업을 마치고 하굣길은 늘 지쳐 있었다. 한 시간을 넘게 걸어서 집으로 돌아오는 길, 무거운 책가방 속에서 빈 도시락은 왜 그리도 요란한 소리를 내는지. 걸음이 빨라질수록 그 소리도 점점 커져서 가방을 내려놓아도 귀에서 딸그락 소리가 들리고는 하였다. 먼 길을 걸어 다니면서도 한 가지 위

안으로 삼았던 것은 배고픔을 면하는 호사스런 날이 더러더러 있어서이다. 왜 그리도 배는 고팠는지 그때는 먹어도, 먹어도 배가 고팠다.

학교 옆에는 또래의 아이들이 잘 가던 빵집이 있었는데 그 집 빵은 아주 작아서 한입에 쏙 들어갔다. 맛 또한 혀끝에서 척 감겨들기에 백 원에 열 개인 빵을 다 먹고도 아쉬움이 남았다. 접시 한쪽에 붙은 설탕가루를 손끝에 찍어 입속에 밀어 넣으며 매번 딱 하나만 더 먹고 싶은 마음을 누르고 일어서야 했다.

빵집에는 키가 커 보였던 주인 남자가 잘 부풀어 오른 반죽 덩이를 밀어 앞으로 살아갈 인생을 매만지듯 정성을 다해 작품처럼 동글동글 예쁜 빵을 빚었다. 부부가 함께 일하면서도 마주 보는 눈길은 따뜻해 보였고 서로 위하는 마음은 바라보는 나에게로 전염되어 미소 짓게 하였다.

빵집에서의 그 맛을 잊지 못해서 또래 친구들이 모여 멀건 밀가루 반죽을 빵틀에 부어 보기도 하였다. 하지만 정말 힘들어했던 것은 몸으로 느끼는 배고픔이 아니라 정신적인 허기였다.

빵집 부부의 하루가 시도 때도 없이 내 머릿속에 비집고 들어오는 날에는 세월이 더디게 간다고 안달복달하였고 빨리 스무 살이 되기를 무던히도 기다렸다. 스무 살에 대한, 서른에 대한 준비도 없이 세월만 바라기 하던 내게 많이 먹고 얼른 커야지, 하던 어머니의 세월도 기다림의 세월이었다.

한 지붕 아래 살면서도 아버지는 얼굴 보기가 힘들었고 어머니에게 무심했다. 어머니의 고행을 아는지, 모르는지 언제나 무표정한 모습이다. 가끔 밥그릇에 물을 부어 밥상을 물리는 걸로 엄마의 마음을 위로했는지 모른다. 식구 중, 밥을 남기는 사람이 없으면 엄마의 저녁은 눌은밥이다. 눌은밥도 없는 날이 있었다. 아무리 넉넉하게 지어도 밥이 부족했다. 왜 그리도 손님은 많이 오는지 집안은 언제나 사람들이 북적거렸다. 어머니가 혼자 감당하기에는 분명 힘에 부치는 일이었다.

언제부터인지 어머니는 보리쌀이 담긴 함지박에서 물로 씻기 전, 듬뿍듬뿍 보리쌀을 다시 덜어냈다. 당시는 식량 사정이 좋지 않았고 국가는 정책적으로 절미운동을 시행하였는데 어머니도 열심히 동참하셨다. 그 이면에는 밥이 모자라면 식구가 단출한 집에 딸을 시집보낼 수 있다는 속설을 엄마는 희망으로 삼으셨던 것이다. 어쩌면 당신의 고행이 딸인 내게 그대로 이어질까, 그것이 걱정이었기에 나름의 비방을 썼던 것인지도 모를 일이다.

세상 물정 어둑하던 나는 스물 몇 해가 되면 내 삶이 확 달라질 것이라 믿었다. 적어도 어머니처럼 오랜 관습에 얽혀 힘겹게 살지 않을 거라고 큰소리쳤다. 지금 나는, 엄마가 그토록 기다리던 세월을 지나서 한참을 더 온 시간에 와 있다. 그러나 크게 달라진 것도 없다. 엄마의 딸인 나는 어머니처럼 그 관습에 순응하면서 엄마의 시간을 뒤밟는 모습이다.

지갑 속에는, 그때 간절하게 딱 하나만 하던 빵을 백 개쯤은 살 수가 있다. 아니 더 많이 있음에도 불구하고 이렇게 나는 시간을 되돌리기 하고 있다.

다시 생각해 보아도 그때가 내 삶에서 가장 눈부셨던 날은 아니었는지, 그날이 자꾸만 그립다.

발자국을 옮길 때마다 송홧가루 묻어 지문을 찍고, 개구리 목청껏 울어대는 밤이면 더더욱…….

## 해빙기

9시 뉴스를 보다가 잠이 들었다. 요란하게 울리는 벨소리에 놀라 수화기를 드니 고향 집의 어머니가 ㅇㅇ씨의 부음을 전한다. 살아보겠다고 세상을 향해 날을 세워 위태롭게만 보였던 삶의 무게를 그가 스스로 내렸단다.

죽었다고 왜? 죽기는 왜 죽어, 더 오래오래 살아야지, 망할…….

원망과 미움으로 둘둘 뭉쳤던 기세가 한순간에 꺾이는 배신감에 말을 잇지 못했다. 이제는 그만 잊고 살자는 어머니의 목소리가 꿈결처럼 아득하였다.

지난여름 고향을 갔다.

핏빛 노을이 하늘과 땅을 잇고 있는 시간에 지게를 진 그와 엇갈렸다. 순간 심장이 널뛰기를 하며 호흡이 빨라졌다. 잔뜩 표정이 굳어진 내게 그가 삐죽이 웃어 보인다. 묻지도 않았는데 애호박을 따러 간다, 고 했고 그 말에는 세상을 다 살아버린 사람처럼 힘이 없었다. 수십 년 나를 옭아맸던 광기 또한 보이지 않았다. 그의 아내가 제초제를 마셨다는 소식을 얼마 전에 들었던 터였다. 선입감 때문인지 어깨 위에 허무의 그림자가 짙게 내려와 있음이 감지되어 내 시선을 흔들리게 했다. 그 짧은 순간에 죽음의 냄새를 맡았는지 모른다.

그날 OO씨는 지게를 지고 있었는데 소맷자락이 유난히 펄럭거렸다. 내가 본, 이승에서의 마지막 모습이다. 하지만 나의 손톱 밑에 박힌 가시만을 생각했기에, 그의 가슴에 더 견고한 대못으로 단단하게 박혀있을 응어리를 풀어주어야지 하는 생각은 하지 않았다. 풀어질 기미는 없고 엉켜 들기만 하는 매듭이라고 고개를 돌렸다.

생각해 보면 고래 심줄보다도 더 질긴 인연이었다. 삶의 바다에 던져진 그물에는 참 많은 것들이 걸려서 나온다. 평생을 가슴에 안고 가야 할 소중한 인연도 있고, 뜯긴 수초처럼 그 자리에서 미련 없이 버려야 하는 인연도 있다. 그물을 다시 바다에 던지기 위해서는 터진 곳은 찾아 단단히 꿰매야 하고 엉킨 그물은 다시 엉키지 않도록 잘 풀어야 한다. 그러나 마음의 여유를 갖지 못하고 있던 나는 풀지 못한 사연이 주렁주렁 매달린 그물을 대책도 없이 그 바다에 내리고 말았다. 이로 인해 터진 그물 사이로 끝없이 드는 미움을 거두지 못했었다.

OO씨는 우리 방앗간에서 일을 돕던 사람이다. 가족들은 처음에 그의 출근을 반대했다. 사람이 모가 났다거나 일을 게을리해서가 아니다. 다른 사람보다 열심히 일했고 하루에 서너 번씩 멈추던 발동기까지 말썽 없이 잘 돌아갔다. 그가 나오면서 쌀이 많이 난다는 소문까지 돌아 아주 멀리서 소달구지에 벼 가마니를 싣고 오는 이도 있었다. 그럼에도 편치가 않았던 것은 한쪽 팔에 장애를 입은 후부터 그의 내면에 들어앉아 언제 폭발될지 모르는 광기 때문이었다.

궁핍한 농촌에서 땅문서가 없으면, 몸이라도 건강해야 한다. 건강한 몸을 재산으로 농사일을 신명 나게 할 게 아닌가. OO씨는 타고난 농군이었다. 모내기 철이나 벼를 베는 가을날에는 미리 이야기를 하지 않으면 그의 손을 빌릴 수가 없었다. 사람들이 신뢰했던 것은 황소도 잘 부렸지만, 무엇보다도 성실했고 부지런해서였다.

고향은 풍요로웠고 발전에 가속이 붙어 하루가 다르게 겉모습이 달라지기 시작했다. 그러나 전기가 들어오고 마을과 마을, 넓게는 나라 밖 소식까지 더욱 빠르게 전해 듣게 되면서 여러 가지 문제가 발생한다. 분명 마을이 환해졌는데도 보이지 않는 곳에는 더 짙은 그림자가 만들어졌다. 약속이나 한 듯이 한 집, 두 집, 마을을 떠나는 사람이 늘어갔다.

OO씨도 도시로 나가 '노다지'를 캐는 것이 꿈이었다. 사고로 장애는 입었지만, 의수를 끼우고 방앗간 일을 도우며 도시로 나갈 기회를 틈틈이 엿보고 있었던 것이다. 바로 눈앞에 노다지가 보이는데 환하게 열릴 미래를 포기할 수는 없지 않은가.

중도 장애가 더 힘들고 고통스러운 것은 주위의 따가운 시선 때문이다. 그래서 비장애인과 조금도 다르지 않다는 것을 보여주기 위해 때때로 목숨까지 걸기도 한다. 지금은 장애인에 대한 비장애인들의 생각이 많이 바뀌었고 복지수준도 점차 개선되어가고 있는 형편이다. 그러나 아직도 장애인의 홀로 서기는 눈물겨운 노력이 필요하다. 장애인의 의무는 당연하게 생각하고, 장애인들의 당연한 권리에는 편견을 가지고 있는 비장애인이 우리 주위에는 의외로 많기 때문이다.

나 어릴 적, 고향 마을 사람은 장애인에 대해 심한 거부감을 보였다. 간혹 마을에 들어온 장애인은 한국전쟁 중에 다친 사람으로 신체적인 장애보다 마음이 더 아픈 사람이 많았다. 그 마음을 보듬어주지 못했던 비장애인들로 인해 자신의 현실을 비관하며 사소한 일에도 주먹을 휘둘렀다. 그 횡포를 한두 번 정도 경

험한 사람이라면 장애를 함께 아파하기보다는 멀찍이 피하려 하였던 그런 시절이 있었다.

방앗간은 언제나 안전사고에 노출되어 있는 곳이다. 그래서 OO씨의 지나친 자신감은 우리 가족이 볼 때는 위태롭기만 하였다. 그러나 한 번으로 끝나지 못한 그의 불운은 이번에는 우리 집까지 덮친다. 방앗간이 쉬는 날, 그가 혼자서 문을 열었던 것이다. 발동기가 돌아가고 줄을 걸기 전, 한쪽 팔이 없음을 깊이 생각해야 했는데도 그것 또한 소홀히 했다. 외출하셨던 아버지가 급히 달려왔지만 흥건하게 고인 핏물은 사태의 심각성만 인식시켰다.

지금도 나를 전율하게 하는 것은 두 팔을 잃은 분노와 절망에 살기 서리던 눈빛이다. 그 눈빛을 잊지 못하는 나는 서녘 하늘이 개짐을 풀은 듯 붉게 물들면 속 울렁증이 재발한다.

아버지가 방앗간에서 일을 마치고 돌아올 때까지 몇 시간씩 우리 집 마루 끝에 우두커니 앉았다가 슬그머니 일어서는 무언의 시위가 계속되었다. 그 시절 OO씨의 등 너머로 지는 노을은 핏물로 출렁거렸고 내 속은 평정을 잃었던 것이다. 내 가슴속의 증오가 활활 타올라 하늘이 한층 더 붉게 보이면 끝내 토악질을 했다.

늦은 밤 어둠을 안고 대문 밖으로 소리 없이 사라지는 그를 보면서 사람이 사람에게 얼마나 무서운 존재인가, 머릿속 깊이 새기고 또 새겼다.

핏빛 선명한 노을은 우리 가족에게는 절망의 빛이었다. 도망칠 수도 그렇다고 그 핏빛 속에 스며들 수도 없었다. 침묵하던 아버지가 방앗간을 정리했고, 얼마인지 모를 땅과 황소 한 마리가 그의 집으로 옮겨갔다. 비로소 암울한 핏빛의 굴레에서 벗어날 수 있었다. 그러나 그것이 끝이 되지 못했다. 또 다른 시발점이 되어 좀 더 오래 노을의 아름다움을 알지 못했다.

이제 침취하여 세월만 해바라기 하던 아버지도, OO 씨도 세상에 없다. 한번 가면 그것으로 끝인 인간 세상에서 좋은 인연으로 만나지 못한 것이 이제야 후회로 온다.

반세기 만에 평양에 도착한 김OO 대통령은, 텔레비전에서는 경진년 6월 13일 뉴스라인이 현재 진행형으로 이어진다.

*-2000년*

## 서울통신

나에게 물어본다.

남의 이야기를 좋게 하자, 남을 위해 기도하자, 등 여러 가지 좋은 글이 많은데 나는 과연 남을 위해 좋은 일을 했는지, 또는 마음을 다해 기도한 적은 있는지.

불가에서는 나에 대한 경배로 절을 많이 하라고 한다. 잡념이 없어지고 나의 몸이 부처의 몸을 스스로 깨달아서 좋은 수행의 방법이 되고 건강에도 그만이라고 하였다. 그러나 나를 위하고 남을 위하는 일이 말처럼 쉽지가 않음을 이번 일을 계기로 절실하게 깨달았다. 나 스스로 생각해도 부끄러운 일이다.

법명을 받는 데 도움을 주신 법사님이 우리 사무실 근처에서 원각경 강의를 매주 목요일에 한다는 이야기를 들은 것은 지난해 12월이다. 법사님은 내가 아주 열심히 나를 찾아다닌다고 믿으셨는지 강의시간에 나오기를 은근히 바랐다. 작은 사무실이기는 하지만 IMF의 여파가 커서 매주 목요일 참여는 좀 어려웠다. 그러나 공부에 대한 욕심도 있었고 법사님의 기대에 벗어나지는 말자는 마음으로 해를 넘기고 나서야 수강을 하게 되었다. 그러던 어느 날 강의 시간에 열심히 출석하는 나에게 믿음이 갔는지 '탈북자를 위한 일일체험'에 봉사자로 꼭 동참해 달라고 부탁을 한다. 하고 싶었던 일이었고 그 일에서 나름대로 보람도 찾고 싶어 선뜻 대답을 하였고 참여하게 되었다.

오전 아홉 시까지 정해진 장소에 모여 하루 일정에 대한 교육을 받았다. 내 나이가 사십에서도 반이 넘은 나는 대한민국에서 반공교육으로 중무장한 세대이다. 해서 한 치를 못 보는 편견과 상상으로 북에서 온 사람을 기다리는 십여 분이 길고 지루했다. 열 시가 조금 넘자 속속 탈북자가 도착했다.

첫 만남의 시간, 실내에는 이상한 기류가 무겁게 깔리며 잠시 잠깐이었지만 시간이 멈춰선 듯 적막강산이 되었다. 이런 데면데면한 분위기를 환영의 박수로 넘기고 각자 짝이 된 사람과 마주 앉았다. 앞에 앉은 사람을 천천히 살펴보았다. 내가 상상하고 있던 모습과는 많이 달랐다.

아니, 이 사람의 모습은 나와 같고 굳이 다른 점을 찾는다면 곱슬머리. 수십 년 동안 충실하게 받은 반공교육으로 견고하게 쌓았던 이데올로기를 재정립해야겠다는 생각으로 해서는 안 된다는 주의사항 용지에 연필로 갈매기만 그렸다. 나와 별반 다를 것 없는 그의 외모도 외모지만 더 나를 당혹스럽게 했던 것은 그다음 행동이었다.

탈북 경위와 가족사항에 대해서는 일체 물어보지 말라는 말도 적혀 있었다. 그러나 오늘 하루를 잘 보내려면 이야기의 실마리는 풀어야 한다. 해서 녹차 한 잔을 앞에 두고 이름 정도는 알려주는 것은 예의가 아닌가, 해서 명함을 꺼냈다. 그도 주머니를 뒤적였는데 꺼낸 것이 전화기였다. 나는 구경도 못한 신형 손전화기 모델에 놀랐지만, 꾹꾹 번호를 눌러 통화를 시도한다. 그는 이곳에 왜 와서 있는지에 대해서는 까맣게 잊은 듯, 통화는 길게 이어졌다.

방송에 보았던 탈북난민의 어려운 실상하고는 너무나 거리가 먼 행동이다. 녹차를 묵묵히 마시면서 통화가 끝나기를 기다렸고 정해진 일정대로 움직이기 위해 밖으로 나왔다. 그를 위한 대한민국에서의 빠른 적응을 위한 프로그램인데도 불구하고 수십 년을 넘게 서울에 살아온 나보다 우리 사회에 재빨리 적응도 하고 앞서는 듯 보여 머리가 혼란스러웠다.

대중교통을 이용해야 한다는 원칙이 있어 4호선 노원역으로 향했지만, 발걸음은 결코 가볍지 않았다.

가는 길에도 전화기를 귀에서 떼지 않는다. 국철이나 지하철의 표를 사는 방법에는 세 가지가 있다. 창구에서 현금으로 표를 사는 방법이 있고, 다음은 자동판매기로, 세 번째는 교통카드가 있다.

창구로 가서 현금을 내고 표를 사는 방법이 제일 간단한 방법이 아닌가요?

…….

오히려 내가 배우고 있다는 느낌이 온다.

이들은 먼저 남한에 오게 된 경위를 ㅇㅇ공사라는 기관에서 자세하게 조사를 받는다. 그런 다음 우리 사회에 정착하기 위한 적응훈련 등, 대한민국 국민으로 살아가는 데 꼭 필요한 교육을 받게 된다. 지금은 3개월의 교육이 2개월로 단축이 되었다고 한다. 하지만 그는 오늘 학습 내용에 대해 어색하거나 주저하는 것이 없다. 도움을 주겠다고 나온 나보다 더 자연스러운 행동이다.

한 구간에 600원, 동대문 2장이면 1,200원, 2,000원을 주었으니 거스름돈은 800원을 돌려받아야 한다.

우리나라는 8개의 지하철이 있습니다. 1호선은 74년 8월 15일에…….

아! 저희 평양에 있는 지하철은 꽤 오래 되었습네다. 길카고 땅속으로 엄청 들어갑네다.

진지하게 들어줄 학생은 없는데 수업은 계속 해야 하는 것이 부담으로 다가왔고 일일체험을 괜히 신청했다며, 속은 부글거린다. 그렇다고 여기서 그만두겠다고 할 수는 없지 않은가.

자본주의의 시장경제 상황을 가장 잘 볼 수 있는 곳이 서울에서는 남대문과 동대문 시장이다. 유동인구가 많고 서민이 자주 찾는 곳이라고 하는 동대문시장을 둘러보기로 했다. 직접 물건도 사보고 물건값을 깎기 위해 목소리를 높이는 체험교육도 썩 나쁘지 않을 것 같았다.

일일체험 교육을 위해 주최 측에서는 필요한 경비인 일정 금액을 봉투에 넣어서 미리 봉사자들에게 지급한다. 그 금액이 이만 팔천 원이다. 오늘 일정에 필요한 금액은 쓰되 정확하게 정산을 해야 한다. 동대문에서 내려서 점포가 많은 평화시장으로 들어갔다.

시장을 한 바퀴 돌면서 남쪽의 남자나, 북쪽 남자는 쇼핑에 대한 관심은 그렇게 크지 않다는 동질성만 확인했다. 시장을 나오면서 선물은 해야 할 것 같았다. 그런데 그가 입고 있는 옷이 매우 산뜻한 색상에 세련된 무늬여서 선뜻 무엇을 골라 주기가 쉽지 않았다.

나의 마음을 살피기라도 한 듯 그가 셔츠를 골랐고 곧바로 흥정에 들어갔다. 판매가격이 만 오천 원인데 구매해야 할 가격은 만 원으로 가격 차이가 커서 어려움이 예상되었다. 물건 값을 깎는데 능숙하지가 않아 난감했는데 주인이 사정 이야기를 듣고 호의를 베풀어서 원하는 가격에 살 수 있었다.

시간이 정오를 막 넘었기에 우리 국민이 즐겨 먹는 음식 메뉴가 있는 식당을 찾기로 했다. 안내서에는 음주에 대해서 딱 한 줄이 언급되어 있다. 식사 중에 간단한 반주는 허용하나(3인 1병) 계속되는 음주는 금지. 술은 좀 하느냐고 물어본 내게 그는 한 방울도 하지 못한다고 하였다. 날도 춥고 속도 냉랭해서 한 잔하고 싶다고 하자

아, 선생님 저 신경 쓰지 말고 좋을 대로 하시오, 한다. 점심시간이 이른지 들어간 음식점은 한산했다. 식탁에 앉아 메뉴를 보면서 내가 말 주머니를 열었다.

남한 인민들은 자나 깨나 철저한 반공 의식 때문에 부대찌개를 즐겨 먹습니다, 한 번 먹어 볼까요?

그럽세다.

그의 선한 대답을 들으면서 미군들이 먹다 버린 베이컨과 소시지로 부대찌개를 만들어 판매해 온 나라를 놀라게 했던 의정부 부대찌개 사건이 언뜻 떠올라

실없는 말을 했구나, 자책했지만 이미 엎질러진 물로 도로 담을 수는 없었다.

점심을 먹으면서 소주를 한 병 시켰다. 우리나라 사람은 마시던 마시지 않던 잔을 채워 권하는 술 인심 하나는 넉넉하다. 그런데 한 방울도 마시지 못한다던 그는 어느새 술병을 혼자 다 비우고 빈 잔을 내려놓는다. 술은 내가 청했지만 좀 괘씸하다는 생각이 들었다. 지금까지는 교육의 효과가 있었는지는 모르지만, 일일체험이 술 마시고 흥청망청하자는 분위기는 아니었다. 못 마신다고 하였던 그의 말이 못내 목구멍에 걸려 넘어가지 않는다.

두 병을 더 시켜 마시고 식당을 나왔다. 나의 내부에서 끊임없이 이게 아닌데, 이건 아닌데 외침이 계속 이어졌다. 이제 탈북자 본인이 원하는 코스를 선택해야 한다. 노래방, 볼링장, 경복궁 관람…….

경복궁을 가겠다고 해서 그리로 향했다. 조선시대 역사에 대해 나름대로 자료를 보면서 열심히 설명하느라고 나는 진땀을 빼고 있는데 그가 소리친다.

저기 여인 천하에 나오는 엄 상궁이 간다. 저기에, 엄 상궁…….

가끔 여인 천하를 보기는 하는데 엄 상궁이 누군지 모르는 나는 마지막 안간힘을 쓰면서 지키려던 품위 있는 봉사자이기를 그만 포기했다. 이왕 무너질 것이라면 철저하게 무너지자, 노트를 들고 달려가 사인을 부탁했다. 매우 곤혹스런 표정으로 피해가려는 엄 상궁을 잡고 한 페이지 전체에 사인을 받았다. '내가 해줄 수 있는 것은 이것밖에 없습니다.' 하고 노트를 내밀었다. 그제야 얼굴에 활짝 웃음꽃이 피며 점심을 먹으면서 마신 술의 힘도 약간 빌린 듯, 속 이야기를 하기 시작했다.

군에서 십 년을 복무했고, 사 년 전에 연변으로 나왔단다. 일 년 먼저 나온 누나가 정착하여 살고 있었던 것이 큰 힘이 되었다고 하였다. 자연스럽게 종교단체의 도움을 받았다는 그의 이야기를 들으면서 속으로 정말 도움을 받아야 할 사람은 내가 아닌가, 쓴웃음이 나왔다.

엄 상궁을 만나고 경복궁을 나서면서 머리가 복잡해지기 시작했다. 교육의 효과에 대해 의문점을 떨칠 수가 없었다. 다만 수십 년, 수백 년 지난 후에 정부는 이런 노력들을 했다는 기록에 만족해하는 것은 아닌지, 하는 생각에 긴장감이 풀리면서 현기증이 인다. 그래도 내가 해야 할 도리는 해야겠다는 마음에 금연 구역인 문화재 보호 구역에서 법까지 어겨가며 담배 한 모금으로 마음을 추슬렀다.

오늘 일정을 반성하고 느낀 점 한마디라도 듣고 의문이 있으면 답은 해야겠기에 그를 찾았다. 그런데 금방까지 옆에 있던 그가 보이지 않는다. 함께 민속 박물관을 보고 여기까지 왔는데 아무리 불러도 찾아도 그는 없다. 북에서 온 사람이 서울 한복판에서 감쪽같이 사라졌다. 군사정권 시절이라면 우리 가족은 물론 사돈에 팔촌까지 줄줄이 경을 칠 돌발사태가 아닌가. 어이없는 사건 전개에 기가 막힐 뿐이었다. 끝까지 최선을 다하지 못한 나 자신에 더 많이 화가 났다. 조금 더 세심하게 보살펴 주지 못한 것이 마음에 걸렸고 무늬만 봉사자였던 나의 본 모습을 들킨 것 같아서 얼굴이 달아올랐다. 이런저런 생각으로 점점 복잡해져 가는 마음을 다독이며 담당자에게 전화했다.

"그 친구요, 아마 근처 슈퍼에 술 사러 갔을 확률이 크니 바쁘시면 그냥 가셔도 됩니다."

순간 '띵' 둔탁한 무엇으로 머리를 호되게 얻어맞은, 꼭 그런 상태가 되었다. 이런 답 듣겠다고 생업도 포기하고 하루를 투자한 것은 아무리 생각해도 아니었다. 피로가 한꺼번에 몰려와 집으로 돌아가는 발걸음이 한없이 무거웠다.

지하철 안에서, 만나는 사람들이 다 나를 보면서,

바보 같은 사람, 봉사는 아무나 하는 것이 아니네, 충고와 비난을 쏟아 붓는 것 같았다.

친구,

일정에도 없는 일을 만들고, 나의 망가진 모습을 지하철 자동문에 비춰보면서 자문을 한다네, 무명을 벗으려 하다가 더 두터운 무명에 나를 가둬서 괴로워하는 나는 영원한 중생이라고. 위로받고 싶어서 몇 자 적었네. 끝까지 읽어줘 고맙네.

*-2002년*

## 날개 달린 개짐

제1관문에서 표를 끊어 십 분을 올라와서다.

주흘산 등산은 지난해 십일월을 시작으로 이번이 세 번째가 된다. 1관문에서 주흘산을 올랐다가 2관문 쪽으로 내려오는 길을 택했는데 2관문 쪽 내려오는 길이 그리 편한 길은 아니다. 경사가 심해 멀미가 났고 산을 내려와서 2관문까지의 짧지 않은 평지 길은 긴장이 풀려서 그런지 피곤이 몰려왔다. 신발이 무거워지는 탓에 동호인들과 거리가 자꾸 벌어진다.

겨울 산행에서는 아이젠이 꼭 필요했음에도 산 아래의 날씨만 생각하고 준비가 소홀했다. 1관문에서 해발 987m까지는 어려움 없이 올랐지만, 정상까지 0.5 Km를 남기고는 내린 눈이 녹지 않아서 얼음길을 건느라 체력을 다 소진했던 것이다.

2관문 쪽 주흘영봉 쪽으로 내려오는 길 또한 곳곳이 얼음판으로 아무리 조심을 해도 미끄럼을 탈 수밖에 없다. 넘어진 바로 옆에 날카롭게 솟은 돌로 인해 뒤따르던 사람까지 놀라게 하였다. 다 내려와서는 제대로 땅을 사고 말았다. 이번에는 넘어지지 않으려고 손을 짚었는데 왼쪽 손목에서 팔 뒤꿈치까지 타박상을 입었다. 하루가 참 길었고, 상처 난 곳이 아팠지만, 많이 웃었던 하루이기도 하다.

산행 시작부터 문제가 생겼다. 출발해서 10분을 걸었는데 다들 멈춰야 하는 상황을 내가 만들었다. 매번 가는 산행이지만 방심을 한 탓에 등산화의 깔창을 빼 두고 집을 나섰던 것이다. 처음에는 몰랐는데 산을 오를수록 발바닥이 아프기 시작했다.

이런 문제는 남편보다 회원들에게 알렸을 때 더 빨리 방법을 찾을 수 있다. 다들 난감해하는데 주(朱) 여사가 그것이 최고라며 남편에게 얼른 사오라고 재촉을 한다. 멀뚱거리는 남편의 등을 밀어 산을 내려가게 하였다. 朱는 우리 모임에 없어서는, 그가 모임에 빠지는 날에는 재미가 반감될 정도로 유머와 순발력이 뛰어난 사람이다.

남편은 한라산 산행 때 삐끗한 허리가 아프다며 집에서 나올 때부터 영 힘들어했다. 하지만 여럿이 재촉하자 등 떠밀려 올라왔던 길을 되짚어 내려갔다가 필요한 것을 구해왔다. 남편이 사온 물건을 발바닥에 붙이려고 신발 끈을 푸는데,

어-허 그 집은 발에도 새는 개비네유.

?-?-?-?-?-?.

푸-하 하하하하.

안(安)의 말에 잠시 무슨 소리인지 모르고 서로 얼굴만 쳐다보다 웃음이 터졌다. 웃을 일이 요즘 없었는데 정말 많이 웃었다. 김(金)은 떨어진 배꼽을 줍는다고 빗자루와 쓰레받기를 찾는다. 기가 막힌 발상이 아닌가. 신발 깔창 대용품으로 날개 달린 개짐이 최고라니. 처음 생각을 끄집어내었을 그가 오늘은 그저 고마울 뿐이다. 남편은 진열된 상품 중에서 최고로 좋은 것을 샀으며, 이 선택은 최상의 선택이었다고 어깨를 으쓱한다.

양쪽 발에 두 개씩 포개서 붙이고는 남는 것은 나누어준다고 했더니 다들 고개를 살래살래 흔든다. 아이젠이 없어 힘든 산행이었지만 날개 달린 개짐은 하루 종일 나를 모시고 다니며 미소 짓게 하였다.

"어-허 그 집은 발에도 새는 개비네유."

## 길에서 나를 만나고, 너를 만나다

– 안성에 가다

시인은 '오늘은 그대 남은 날들의 첫날'이라고 했다.

첫날의 그 하루, 안성을 찾았다. 내 안에 있는 또 다른 나를 만나기 위해서이다. 안성의 곳곳을 더듬고 다니면서 그대를 생각하고, 또 나를 생각한다.

會者定離요, 離者定會라 했다. 회자정리와 이자정회, 나는 후자를 더 선호한다. 같은 뜻을 가지고 있지만, 재회의 기쁨 후 이별보다는, 헤어지면 다시 만남을 기약한다, 에 더 마음이 가서이다.

폈던 손가락을 천천히 꼽아본다. 한 번, 두 번, 그대를 만나고 헤어지는 일이 익숙해질 때도 되었는데 여전히 남는 것은 아쉬움이다. 매번 내 부족함으로 그대를 다 알지 못하는 까닭에 다시 그대를 찾는다.

안성은 청주에서 한 시간 거리에 있다.

경기도의 최남단에 자리한 안성은 충청도와 맞닿아 있어 종종 충청도에 편입되었다가 다시 경기도로 돌아가고는 하였다, 한다. 안성은 충북에서 서울로 가는 길목에 자리하고 있기에 교통의 요지로 삼국시대부터 오랫동안 군대의 요충지이기도 하였다. 지리적 여건이 상당히 좋은 탓에 전국의 장사치들이 모여들게 되었고 자연스럽게 문화의 접경지대의 역할을 하게 된다.

안성에 들자 안성맞춤의 도시 '안성'이란 글자가 먼저 반긴다. 안성맞춤이라는 말은 안성의 유기그릇과 가죽 꽃신이 유명하여 생겨났다지만 한때 '안성에 가면 무엇이든 있다.'로 통하기도 했다. 그러나 지금은 그 유명했던 안성장의 이름값이 전만 못 한 것 같다. 비봉산 아래의 봉업사터에 도착하였다.

봉업사가 언제 창건되고 폐사가 되었는지는 알 수가 없다. 그러나 터만 남은 봉업사를 매우 중요하게 여기는 것은,

봉업사는 고려 태조의 진영을 봉안하였는데 공민왕 12년 2월에 거가가 청주를 떠나 이 절에 들러 진안을 참알(參謁)하였다. 지금은 석탑만 남아 있다고 한 기록 때문이다.

'기록이 남아 있다, 또는 없다.'에 따라 문화재의 가치가 달라진다. 더욱 중요한 것은 기록이 있으므로 비밀의 문을 열게 한다는 데 있다. 그 시대를 알게 하는 실마리를 제공하기 때문이다. 기록으로 보면 봉업사는 고려 개국 조(祖)인 태조의 진영을 모신 진전

사원이었고, 개성의 봉은사, 논산 개태사 등이 태조의 또 다른 진전사원으로 전해진다.

봉업사는 산사(山寺)가 아닌 드물게 평지에 자리하고 있다. 사찰 주위는 넓은 뜰이 빙 둘러 있어 그 규모를 짐작게 한다.

당간의 지주가 찾아온 이를 맞는다. 지주는 특별한 양식은 없다. 만든 시기를 고려 초기로 보는데 신라의 건축양식보다는 둔탁해 보인다. 신라의 당간지주는 위쪽과 아래에 구멍을 파고 나무를 끼워 넘어지지 않도록 전체적인 균형에 신경을 쓴 것에 비해 이곳은 지주 끝에서 위로 길게 뚫어 당간을 걸게 한 단순한 모양이다.

모든 건축 양식의 특징은 후대로 갈수록 가벼워 보이고 화려해지는 데 반해 봉업사 당간의 지주는 그 공식에서 비켜난 듯 보인다. 그 이유는 무엇일까, 심히 궁금하다. 당간에는 오방색(검정, 빨강, 초록, 흰색, 노랑)의 기가 걸린다. 황색의 기가 걸려 있다면 부처님의 설법이 있다는 것을 알리는 표시라 한다. 당간의 깃발은 절을 찾는 사람에게 그 위치를 알려주었으며, 과거를 보러 가는 선비에게는 길을 찾는 이정표의 역할도 하게 된다. 당간에 걸린 깃발에도 약속된 언어가 있음을 알 수 있다.

여러 곳의 사찰 답사에서 당간은 없고 덩그렇게 남은 지주만 보게 되는데 그 많던 철당간은 당백전을 만드는데 사용되는 수난을 겪은 까닭이다. 발행되기 시작해서 반년 만에 주조가 중단되고 유통까지 중단된 당백전이지만 그 짧은 기간에 우리 문화재는 무차별로 파괴되었다.

천만다행으로 전국에 몇 군데 당간이 남아있는 곳이 있다. 용두사 터(청주시 소재) 철당간이 그중 하나다. 국보 제41호로 지정되어있는데 당간에는 건립연대와 그 내력을 밝히는 글이 철통 둘레에 양각되어 있는데 이 당간 역시 흥선대원군이 경복궁 중건에 쓰겠다며 열 개는 헐었다고 한다.

당간이 없는 지주 사이로 오층 석탑이 확연하게 들어온다. 답사 안내자는 지주와의 거리로 볼 때 석탑의 자리는 현재의 자리는 아닐 것이라고 한다. 당간은 일반적으로 사찰의 입구에 있고 법당까지는 상당한 거리가 있기 마련이다. 보통 법당 앞에 석탑이 서있게 되는데 이곳은 석탑과 지주와의 거리가 너무 가깝다는 것이다.

석탑은 밑받침 기단으로 단단하게 터를 다지고 다시 기단을 올려 이중 기단을 만들었다. 이런 구조는 고구려 때부터 전래되어 오던 기술로 1층과 2층의 기단은 고려 초기의 양식으로 보는 것이 맞다, 고한다. 1층 몸돌 정면에 직사각형의 문을 조각하였는데, 이 문 안은 감실(불감)로 부처님이 계시다는 것을 상징한다. 후대로 내려갈수록 감실은 홈을 파지 않고 자물쇠를 조각하는 것으로 감실의 문을 대신하게 하였다.

탑의 1층에 감실을 만들기도 하고 또는 2~3층에 감실을 만들기도 하는데 올라갈 수 있는 탑, 올라갈 수 없는 탑을 감실이 있는 위치로 구분하게 했다. 올라갈 수 있는 탑으로는 몽고의 침략으로 불타버린 황룡사 9층 목탑을 들 수 있다.

그 흔적을 본떠서 세운 연곡리 보탑사도 올라갈 수 있는 탑이 된다. '탑에 오를 수 있다, 또는 없다.'고 구분할 수 있는 것은 탑신을 보면 알 수 있다. 탑신에 난간을 만들었다면 반드시 올라갈 수 있는 탑으로 보면 된다. 고건축에서 난간은 미적 기능과 실용성까지 포함했음을 알 수 있다.

기둥에 별다른 문양을 하지 않은 탑신은 1층의 몸돌보다 2층에 올린 돌이 부식이 심하다. 1층 몸돌은, 위에 올려진 돌보다 처음부터 단단한 돌이었다고 강력하게 이야기하는 것 같다. 탑을 만든 이는 아래쪽 몸돌의 피로현상까지 미리 예상하고 탑을 세웠으니 그 생각이 참으로 지혜롭다.

지붕돌에는 다섯 개의 줄을 조각하였는데 장식을 위한 것으로 볼 수도 있다. 하지만 비가 내릴 때는 빗물이 안으로 고이지 않고 탑의 바깥쪽으로 떨어지게 하는 역할을 한다.

탑이 그 오랜 세월 그 자리에 서 있는 것은 조각된 다섯 개의 줄 역할이 매우 크다 할 수 있다. 탑의 가장 과학적인 보존방법을 옛사람은 체험으로 발견했다. 탑의 전신을 막힘없이 읽어가는 답사 안내자의 해박한 지식이 놀라울 뿐이다.

한옥이 아름답다고 말하는 것은 귀솟음이 있어서다. 두 귀가 만나는 꼭짓점에 어김없이 구멍이 뚫려있다. 풍경이 달렸던 자리다. 풍경은 없지만, 그 흔적은 남아 천 년의 시간을 넘어 세상에서 가장 아름다운 풍경소리를 들려준다. 마음으로 그 소리를 들으며 다음 목적지인 죽주산성으로 향했다.

## 누구를 위하여 종은 울리나

꼴 ~ 인 꼴…….

라이프치히 젠트랄 슈타디온에서 벌어진 2006 독일월드컵 G조 2라운드 경기, 후반 35분에 박지성의 발을 떠난 공이 프랑스의 골문으로 빠르게 돌진했다. 1:0으로 지고 있었는데 1:1 무승부가 되는 감격의 순간이었다.

경기시간 내내 애가 타서 안절부절 하던 아들은 동점골이 터지자 아파트 전체가 울릴 만큼 큰소리로 골인을 외쳐댄다.

여러 사람이 모여 사는 공동주택은 조심해야 할 것도 많다. 그래서 방안을 걸어 다닐 때도 뒤꿈치를 들고 걷는다. 이웃에 소음피해를 주지 않으려고 체격이 좋은 아들은 그동안 특별히 조심을 하였는데 경기에 점점 몰입하면서 급기야는 자고 있던 딸아이까지 뛰어 나오게 하였다. 동생을 덥석 안으며 기쁨을 감추지 못하는 아들은 얼굴이 벌겋게 상기되어 있다. 축구경기를 보면서 아나운서였다가 감독도 되는 아들은 축구가 인생의 전부처럼 보일 때가 있다.

자신의 에너지를 전·후반 90분에 온통 쏟아 붓는 경기장의 선수처럼 아들의 응원도 도가 지나치게 뜨거워진다.

TV 화면에는 온통 붉은 물결이 출렁거린다. 대-한-민국을 얼마나 외쳤는지 쉰 목소리이다. 한국과 토고와의 경기에는 아들이 휴가를 얻어 서울 시청 앞 광장까지 응원을 가는 열정을 보였다.

오래전 읽은 『누구를 위하여 종은 울리나』에서 주인공인 로버트 조던의 대사 중에 이런 말이 있다.

만약 내 70년의 인생을 팔아 70시간을 산다 해도 지금의 나로선 조금도 아까울 것이 없다. 그걸 깨달았다는 것은 참으로 행복한 일이다. 긴 세월이니 앞으로 남은 생애니 하는 따위는 없고, 있는 것이라고는 다만 현재뿐이라고 한다면, 바로 이 현재야말로 찬양해야 할 것이며, 그것을 가지고 있는 나는 참으로 행복하다.

지금 이 순간을 위해 앞으로 남을 70년 세월을 다 소진이라도 시킬 듯, 손이 안 되면 온몸으로 막겠다던 우리의 수문장. 전체적인 기량에서 우리보다 한 수 위라고 하던 프랑스를 확실하게 막아주었다. 치열

하기만 했던 90분이 지나갔다. 선수들은 경기장에서 죽을지언정 질 순 없다며 온몸을 불사른 일전이었다. 프랑스전 무승부는 꿈은 반드시 이루어진다, 는 희망의 종소리를 울리기 위해 마음을 합한 태극전사와 온 국민이 함께 만든 한편의 휴먼드라마였다.

이틀이 지났다.

신문. 방송은 여전히 붉은 물결이고 월드컵이야기다. 다시 보아도 감동의 순간이다. 불리한 상황에서도 끝까지 최선을 다한 선수들이 고맙다. '하면 된다.'는 희망의 종소리를 울려준 태극전사들에게 힘찬 박수를 보내면서 부상당한 선수들의 빠른 회복을 기원한다.

6월의 신화가 계속되는 한 대한민국은 행복하다.

## 배부른 날

결혼을 하면서 오랫동안 쓰던 안경을 이런저런 사정으로 벗게 되었다. 안경을 벗은 시력이 썩 나쁜 편은 아니었기에 큰 불편은 없었다. 가끔 안경의 필요성을 느낄 때도 있지만 두툼한 겨울 오버를 벗은 후 느끼는 상쾌한 가벼움으로 안경을 쓰지 않게 되었다.

안경을 벗고 나서 변화라면 외출을 달가워하지 않게 되었다는 것이다. 그 이유가 문밖만 나서면 실수를 해서이다. 먼저 인사를 해오면 사람을 알아보지 못해 건성 대답으로 지나치고는 누구였지, 한참을 생각하기도 한다. 때론 아는 사람이어서 먼저 고개를 숙여 보지만 이번에는 상대편이 어리둥절해서 나를 곤혹스럽게 만든다. 그도 아니면 모른 척 지나쳐서 오해를 받는다. 사실은 피하고 싶은 상대가 아주 없는 것도 아니다. 지금은 눈이 나쁘다고 광고가 많이 되어서 무심히 지나쳐 가면 어깨를 툭 칠 정도로 상대방이 먼저 아는 척한다.

얼마 전 모교에서 동문 체육대회가 있었다.

다리에 깁스를 하고 있던 나는 모교에 갈 엄두조차 내지 못하고 있었다. 멀리서 온 친구가 모교 가까운 곳에 살면서도 오지 않는다고 성화였고 한 친구는 우리 집까지 와 주었다. 고마운 마음에 따라나섰고, 미리 와 있던 친구들이 반갑게 맞아 주었다.

동문 체육대회가 가끔은 성공한 동문의 독무대가 되기도 한다. 이번 5.31 지방선거에서 소기의 목적을 달성한 선배들은 얼굴에 여유와 넉넉함이 보인다. 시의원에 출마했다가 뜻을 이루지 못한 李의 얼굴은 보이지 않는다. 혹시나 해서 주위를 둘러보지만 올해도 南은 오지 않았다. 문경에서 길을 잘못 들었다며 두 시간을 늦게 具가 도착했다. 具가 오자 잠시 가라앉았던 분위기가 시끌벅적해진다. 학교 다닐 때부터 어느 자리이든 돋보이던 具였다. 오늘도 화려한 의상으로 동창들의 집중적인 시선을 받았고 초대된 연예인으로 아는 동문도 있다.

具가 오자 몇몇 선배가 우리 기수들이 모여 있는 자리로 몰려왔다. 역시 具의 인기는 식을 줄을 모른다. 그중 한사람이 나의 이름을 듣자 ′어′ 놀라움을 감추지 않는다. 대뜸 네가 ㅇㅇ이야, 그땐 참 예뻤는데, 한다. 집에서도 늘 못난이라고 불리던 나는 순간 떨떠름한 낯빛을 감추지 않았다. 그러자 선배는 열네 살 계집아이였던 나의 걸음걸이와 말투까지 흉내 내면서 말도 붙이지 못할 만큼 쌀쌀맞게 굴었다며 과거

폭로에 열을 올린다.

내가 안경을 벗었다고는 하지만 정말 처음 보는 사람이다. 너무나 나를 잘 알고 있는 선배에게 그런 적이 절대 없었노라고 잡아뗐지만, 기분이 나쁘지는 않았다.

마음이 몸을 따라 함께 늙어 가면 그때부터는 추억을 먹고 산다고 한다. 나도 잊었던 어릴 적, 나의 모습을 기억하고 있는 또한 사람을 만났다. 안경을 처음 벗었을 때처럼 희미하던 그 날의 기억이 비디오테이프처럼 재생된다.

그 추억들로 인해 먹지 않아도 배부른 날이다.

*-2006년*

# 선문답

선지자(先知者)의 선문답(禪問答)에
있는 것은 없고
없는 것은 있다고 했습니다.

내게
그대의 존재는
지금도 없고
앞으로도 없을 것입니다.

다시 말하면
지금도 있고
앞으로도 영원히…….

그러나 있음과 없음의 관계에서 환유(歡游)하지 못하고
무명(無明)을 벗으려다 더 큰 무명에 나를 가둬 괴로워하는
한 생(生)인 것을…….

# 제4부

# 피반령

착한 사람이 때로는 더 고통을 받기도 하는 것이 세상의 일이다. 독실한 기독교인으로 한 번도 주일날을 어겨보지 않았을 그녀에게 남편의 교통사고는 마른하늘에 날벼락이 되었다. 사고 소식은 회인을 온통 흔들었고 경악하게 하고도 남았다. 소식을 듣고 달려갔을 때 그가 세상의 짐은 이미 벗어 놓은 뒤였다.

궤연(几筵) 앞의 그녀가 너무 젊어서 눈자위가 젖었다.

## 피반령

국립공원인 속리산을 품은 보은읍에서 청주시(市)까지는 두 갈래 길이 있다. 읍에서 청원군 미원면을 지나는 19번 국도가 있고, 속리산 말티(고개)에 버금가는 피반령 길이 있다. 두 길은 가덕삼거리에서 하나로 합쳐져 시(市)로 이어진다. 이 길은 거리가 짧다는 장점이 있어 시간이 곧 돈으로 연결되는 사람들이 이용하기에 비교적 교통량은 적다. 그러나 민족이 대이동을 하는 명절에는 교통정보만 믿고 이 길로 들어선 차량으로 인해 피반령을 지나 시까지 주차장이 되기도 한다.

피반령은 경사가 심한 고갯길로 초보 운전자이거나 나처럼 멀미가 심한 사람은 피해 가는 길이다. 도로포장으로 노면은 양호하나 한쪽은 잘라낸 절개지로 금방이라도 돌덩이와 흙이 쏟아져 내릴 것 같고 다른 한쪽은 아래가 가늠되지 않는 벼랑이다. 그 아래로 날개도 없이 날아버린 차량의 소식이 간혹 들리기도 한다. 그래서 이곳을 지날 때마다 긴장하고 피반령을 넘은 저녁이면 사흘이 지난 숚음배추처럼 널브러지고는 한다.

고개가 높고 험한 탓에 품고 있는 사연 또한 예사롭지가 않다.

경주목사가 되어 부임 길에 오른 어느 대감의 이야기다. 서울에서 청주에 도착하니 경주 호장이 사인교를 가지고 마중 나와 있었다. 때가 음력 유월로 매우 더운 날이었다고 한다. 복더위로 걷는 일조차도 힘들었을 텐데, 가마꾼의 그 고통이란…….

한나절을 걸어가니 높고 험한 고개가 나타났다. 평지를 걸어도 죽을 지경인데 대감은 가마 위에서 부채질까지 하며 산천을 둘러보는 일로 무아경에 빠져들고 있었다. 가마를 멈추게 한 후, 호장은 사또에게 삼남지방에서 제일 높은 이 고개를 가마로 넘을 경우 가마꾼이 피로하여 고개 아랫마을에서 3~4일은 유숙해야 한다, 고 말한다. 하루라도 빨리 임지에 도착하여 밀린 업무를 처리할 형편이던 대감은 도중에 지체할 수 없어 가마에서 내린다. 그러나 대감의 걷는 모습을 보고 웃음을 참지 못한 호장에게, '내가 걸어서 넘으면 너는 마땅히 기어서 넘어야 한다.'는 지엄한 명을 내린다. 거역할 수 없는 명으로 호장은 양손과 무릎을 발로 삼아 험난한 고개를 기어서 올라야 했다.

다음날 보은으로 오는 도중에 다시 험한 고개를 만난다. 호장은 사또에게 이 고개를 걸어서 넘자고 하면 다시 기어 넘으라고 할 것이 두려웠다. 지레짐작으로 미리 겁을 먹고는 나무를 베어 수레를 만들도록 한 후 사인교를 올려서 고개를 넘었다고 한다. 핏발이 되어 넘었다고 해서 피반령, 수레로 넘은 고개는 수레티재가 된다. 물론 고개의 지명에 대한 또 다른 전설도 있다.

교통이 불편하던 시절에 회인을 근무지로 명을 받아 오는 행정공무원이나 학교의 선생님은 고개를 올려다보며 눈물을 흘렸다고 한다. 저 고개를 어느 때나 넘을 수 있을까, 해서다. 그러나 떠날 때는 고개를 넘기 전부터 눈물을 보인다고 한다. 눈물의 의미가 다를 수밖에 없는 것은 이 고장 사람들의 인심과도 무관하지 않다. 두 번을 울게 하였던 것은 산이 높고, 골이 깊은 만큼 쌓은 정도 깊기 때문이었으리라. 정해진 날짜만 채우고 떠날 심산으로 왔지만 살다 보면 정이 들어 쉽게 떠나지 못하는 곳이 바로 회인이다.

한동안 하늘이 노랗게 보일 정도로 심한 멀미의 부담감을 안고도 굳이 이 길을 택하던 때가 있었다. 보은에서 수레티를 넘으면 마을 입구에 그녀가 살고 있어서였다. 그녀는 회인을 그냥 지나가게 하지 않았다. 차를 반강제로 세우고는 자판기 커피라도 마시게 하였다. '시'에서 일을 보고 돌아올 때는 아예 그녀의 집으로 들어가 밤참까지 먹고 고개를 넘는 날이 많았다.

그녀의 남편은 시간만 나면 산에 올라 버섯을 땄는데 그럴 때마다 우리 부부를 초대했다. 그녀와는 피를 나눈 형제처럼 가깝게 지냈고 헤어질 때는 만남의 시간이 너무 짧아서 아쉬워했다. 좋은 인연으로 내 삶의 시간이 멈출 때까지 함께 가고 싶은 사람이었다.

그러나 착한 사람이 때로는 더 고통을 받기도 하는 것이 세상일이다. 독실한 기독교인으로 한 번도 주일날을 어겨보지 않았을 그녀에게 남편의 교통사고는 마른하늘에 날벼락이 되었다. 사고 소식은 회인을 온통 흔들었고 경악하게 하고도 남았다. 사고 소식을 듣고 달려갔을 때, 그는 세상의 짐을 이미 벗어 놓은 뒤였다. 궤연(几筵) 앞의 그녀가 너무 젊어서 눈자위가 젖었다.

화무십일홍(花無十日紅).

'열흘을 붉은 꽃이 없다.'고 꽃피는 봄날은 정말이지 짧기만 하다. 겨우 봄을 맞았다고 생각이 멈췄는데 어느새 장대비 퍼붓는 여름일 때가 있다. 아름다운 그래서 행복하던 날들은 인생에서 그렇게 많지 않은 게 사람 사는 세상의 일일 것이다. 확인되지 않은 미래를 바라보며 그래도 희망이란 이름을 놓지 못해 처음에 그렸던 밑그림을 지워내지 못하는 것이 인생이라지만 그것도 살아있을 때의 이야기가 아닌가.

서낭당 돌무덤에 돌 하나가 더 얹어지듯 그렇게 피반령에 사연 하나를 보태고 그녀가 회인을 떠났다. 섣부른 예측인지 모르겠지만, 그녀가 쉽게 돌아올 것 같지 않다.

이제 피반령은 당분간 멀리 두어야 할 것 같다.

*-2000년*

## 보은, 보은사람들……. 보은의 힘 ③

세계에서 가장 큰 나무 중의 하나인 바오밥나무는 생김새도 참 재미있게 생겼다. 생텍쥐페리의 어린 왕자에서는 무서운 바오밥나무로 표현하였는데 그 의미를 곱씹게 한다. 오래 사는 나무로 그 수령은 5000년까지 보며 열매가 달린 모양이 쥐가 매달린 것같이 보이므로 죽은쥐나무라고도 부른다.

바오밥나무하면 아프리카를 자연스럽게 떠올릴 정도로 아프리카를 대표하는 나무다. 타는 듯 붉디붉은 단풍은 캐나다를, 자작나무숲 하면 러시아가 연상되는 것은 각기 그 나라를 대표하는 수종(樹種)이기 때문이다. 한 나라를 상징하는 것에는 여러 가지가 있는데 이렇듯 나무도 그중 하나다.

우리나라를 대표하는 나무는 늘 푸른 잎인 소나무다. 소나무는 성장은 느리지만 척박한 산지나 모래땅에서도 잘 자라서 우리 민족의 삶은 곧잘 소나무에 비유되곤 한다. 소나무가 한반도에 나타난 것은 6700여 년 전으로 보고 있다. 십장생 중의 하나가 되는 소나무는 나무 중의 우두머리라는 뜻으로 수리라 부르기도 했다. 소나무처럼 쓸모가 많은 나무도 그리 많지 않을 것이다.

한사람이 태어나서 흙으로 돌아갈 때까지 소나무와는 뗄 수 없는 밀접한 관계를 맺을 만큼 조상들은 삶의 많은 부분을 소나무에 의지했었다.

체험으로 얻은 지혜는 솔잎을 깔고 송편을 찐다. 솔잎에서 방출되는 좋은 물질은 송편으로 흡수되어 맛도 좋게 하였지만, 부패속도도 지연시켜 준다. 냉장고가 없던 시절에 음식을 오래 보관할 수 있는 과학적인 방법을 소나무에서 찾았다.

아낌없이 주기만 하는 나무, 소나무는 백여 년 전만 해도 우리나라 전체 산림 면적에서 70%를 차지했다고 하는데 일제 강점기에는 소나무가 차지한 면적이 급격히 줄어들게 된다. 그 이유를 혼다 세이로쿠의 소나무 망국론에서 찾기도 한다.

숲 가꾸기 사업이 지속적이고 발전 가능한 사업으로 진행되고 있는 현대에도 소나무가 줄고 있는 것은 우리의 환경 문제가 그만큼 심각해지고 있음이다. 소나무는 비교적 생활력이 강한 식물이다. 이 소나무가 살수 없다는 것은 다른 어떤 식물도 자라기 힘든, 사람의 생명까지 위협하는 절망의 땅이 된다는 것이다. 해서 현실의 환경문제를 결코 가볍게 보아서는 안 된다. 소나무가 많은 나라는 국력이 약하고 심지어는 소나무가 나라를 망하게 한다는 세이로쿠의 망국론은 그저 망언일 뿐이다.

자연 생태계가 심하게 파괴되고 환경문제가 심각해질수록 우리 몸은 점점 힘들어지는데 그때 찾게 되는 것이 숲이다. 치유의 가치를 가진 숲은 정신을 맑게 하고 마음을 편안하게 해주어서이다.

보은은 은혜로운 땅으로 환경문제는 크게 걱정하지 않아도 되는 청정지역으로 소나무가 많이 자생하는 고장이다. 소나무 고장답게 소나무가 가진 의미의 중요성을 알리기 위해 대추 고을 보은군에서 야심차게 기획하고 만든 것이 솔향공원이다.

청청지역인 보은군의 위상을 확실하게 보여주는 공원에 들어서면 14,000여 그루의 소나무에서 뿜는 솔향기에 머리는 맑아지고 공해에 노출되어 무거웠던 몸도 가벼워진다. 천천히 걸으면서 살펴보는 재미 또한 쏠쏠하다.

우리나라의 소나무 가운데 우량품종으로 인정받는 강원도 양양과 진부령에서 옮겨온 장송, 당진에서 온 해송 등을 만날 수 있다. 나무의 조형이나 나무껍질 또는 잎의 개수에 따라서 이름이 달라지고 있음도 알 수 있다.

공원 안에 있는 소나무홍보전시관은 외벽만으로도 호기심을 잔뜩 품게 한다. 외벽은 녹이 슬지 않는 금속에 화학약품 처리를 해서 일부러 녹을 만들었다고 한다. 외벽은 시간이 지날수록 퇴색하는 것이 아니라 아름다운 초콜릿색으로 변해간다. 멀리서 보면 소나무 사이로 언뜻언뜻 보이는 건물 외벽이 거대한 전시작품 같기도 해서 동화적인 상상까지 하게 만든다. 이 외벽을 모 지방의원은 가치를 평가절하해서 화장장이라 했다가 한동안 나와 마주치면 움찔했다.

소나무전시관은 제1전시실(소나무 문화관)과 제2전시실(소나무 체험 및 영상관)로 나뉜다. 전시관에서는 소나무에 대해 상세하게 들을 수 있다. 보는 즐거움에서 듣는 즐거움까지 더해진다.

사람은 자연과 함께할 때 가장 행복하다고 하였다. 푸른 숲은 정서적 안정을 주며 심신을 편안하게 한다. 숲의 역할이 점점 커지고 있는 현대사회에서 솔향공원과 소나무홍보전시관은 우리의 미래다.

## 이유 있는 변명

한 생(生)을 살면서 지키지 못하는 약속은 몇 번이 될까.

블라인드의 한쪽 줄을 당기자 창문 가득 초록이 쏟아져들어 온다. 병실의 음습했던 기운을 한순간에 날려버릴 듯 고개를 빼고 한껏 초록을 눈 끝에 잡아둔다. 음력 2월의 바람이 아직은 찬데 그 초록의 넓은 운동장을 내달리는 사람들의 움직임이 경쾌하다. 607호 병실 밖, 큰길 건너 초등학교 축구장의 풍경은 며칠째 같은 그림이지만 볼 때마다 평화롭다.

열이틀 째, 손등에 링거 줄을 꼽고 이곳 ㅎ병원에 입원해 있다. 그러고 보니 참 오래 내 집을, 내 사랑 대추고을을 떠나 와 있다. 나는, 나의 생활 동선은 수십 년째 대추 고을에만 있다. 한나절, 길어야 하루 정도 보은을 떠나긴 하지만 지금처럼 오래 떠나 있지 못했다. 아침에 길을 나섰다가도 총총걸음으로 또는 허둥지둥 보은으로, 내 집으로 달려오고는 했다.

약속대로라면 지금 나는 이곳이 아닌 대추 고을 중

앙사거리에 자리한 병원에 있어야 한다. 손가락 걸고 단단히 맺은 굳은 약속은 아니지만, 묵시적일지라도 약속은 약속이기 때문이다.

무지외반증이 있는 나는 가끔 발이 부었다가 부기가 빠지고는 한다. 그런데 지난해 12월 초 부은 발은 부기가 빠질 기미를 보이지 않더니 발목까지 벌겋게 부어올랐다. 대수롭지 않게 생각하고는 찬물에 담가도 보고 소염진통제도 먹었다. 통증은 점점 심했고, 며칠을 더 버티다 결국 퇴근 후 외과의원을 갔다.

온종일 끌고 다닌 발을 내놓았을 때는 참으로 민망도 했었다. 그런 내 마음을 읽어낸 듯, 부은 발을 조심스럽게 만지며 많이 아프시지요, 하는데 걱정이 묻어있는 말이다. 그 한마디가 통증이 심해 잔뜩 찌푸리고 있던 나의 얼굴을 저절로 펴지게 하였다.

의사의 따뜻한 말 한마디가 환자에게 신뢰를 주게 되면 이미 병의 절반은 치료하고 들어간다는 말이 있다. 상처 난 곳을 직접 소독하면서 의사는 내부감염으로 발이 많이 부었다며 입원을 권했다. 이 병원에 입원했으면 좋겠다고 하였더니 웃으면서 대추 고을사거리에 있는 병원과 또 다른 병원을 소개한다.

입원 문제에서 큰 도시에 있는 병원에 입원할 것을

남편은 권유가 아닌 강요를 하였다. 남편이 그렇게 하고자 하는 데는 그만한 연유가 있기는 하다. 하지만 나는 대추 고을 병원을 신뢰하고 싶었다. 아마도 치료받았던 병원의 의사가 환자에게 보냈던 걱정스러운 눈빛과 온화함이 내 마음을 움직였다고나 할까.

사람의 마음은 입소문에 따라 움직이기도 한다. 소문은 자기 생각과 의지와는 상관없이 판단을 흐리게도 하는 묘한 마력도 가진다. 급히 입원을 하였고 내친 김에 무지외반증 수술까지 받고 싶다고 서둘렀다. 잠시 후에 벌어질 상황에 대해서는 생각도 하지 못한 채. 부기가 빠진 6주 후에 수술을 받기로 하고는 상처에 대한 치료를 받을 수 있었다. 그런데 소독 거즈가 상처에 닿는 순간 정말 기절할 뻔했다. 상처가 난 곳이 견디지 못할 만큼 아파서만은 아니었다.

뼈를 깎는 고통이란 말이 있다. 뼈를 깎고 자르는 수술을 받은 사람은 그 고통이 어느 정도인지 알 것이다. 요즘은 무통주사라는 것이 있어서 그 고통이 반감(半減)이 되기는 하는 것 같다. 하지만 나는 아름다워지기 위해서가 아닌 치료를 목적으로 뼈를 깎는 수술을 받고도 무통주사는 맞지 않았다. 수술시간이 2시간 정도로 짧았기에 그리 아플 것 같지가 않아서였다. 뼈를 깎아내는 고통이 어떤 건지 살짝 궁금하기도 했다. 다른 한편으로는 무통주사를 맞으면 회복이 늦다는 출처를 모르는 말에 빨리 퇴원을 할 욕심도 있었다.

수술 후 몸에서 통증을 느끼는 신경이 둔해 있었던지 크게 아프지가 않았다. 수술하였던 담당의를 전적으로 신뢰해서 인지 그건 모를 일이다. 이런 내가 '기절 운운'할 정도로 아픔을 느꼈다면 치료사의 태도에 대한 일종의 분노표출이 아니었을까.

참 친하고 싶지 않은 곳도 병원이고, 그렇다고 병원을 멀리 두기에는 더더욱 어려운 현대이다. 인간의 생활이 편해질수록 세상은 온갖 위험한 물질로 넘쳐났기 때문이다. 그로 인해 우리 몸은 방어능력을 상실해서 이름도 생소한 질병에 시달리기도 한다. 해서 내 몸에서 이상 신호라도 보내올라치면 득달같이 달려가는 곳이 병원이다.

아프면 병원에 가야지, 빨리 병원에 가보세요, 요즘 부쩍 많이 하고, 많이 듣는 말이다.

몸이 아프면 가는 곳이 병원이지만 마음이 아파도 가는 곳이 병원이다. 병원은 이러이러해야 한다는 개인의 생각이 법으로 문서화 되어있지는 않겠지만 적어도 환자가 원하는 병원에 대한 기대치를 일정 부분 수

용했을 때 그 병원의 위상은 분명 달라진다.

아파 본 사람은 알겠지만, 신경은 극도로 예민해져서 혼자 생각하고 결과까지 미리 예측한다. 때론 그 추측이 희망 편이기도 하지만 극단으로 치닫기도 하기에 머릿속이 온통 뒤죽박죽 엉켜버린다. 이런 상황이 되면 병원종사자의 말 한마디조차도 예사롭게 들리지 않는다. 병(病)에 대한 치료도 치료지만 겁먹었던 마음에 위로가 더 필요한 까닭이다.

병원에 병 나으러 갔다가 더 큰 병을 얻어 온다는 말이 회자되기도 하는데 정말 내가 그랬다. 나는 치료에 대한 마음의 준비가 아직 인데 소독저를 대뜸 상처 부위에 틀어넣고는 '빙' 돌리는데 눈물이 쏙 빠질 만큼 아팠다. 비교하기는 그렇지만 이 병원 치료사는 내가 지금까지 병원을 다니면서 만났던 병원종사자하고는 분명 달랐다. 환자인 나에게 잔뜩 심통이 나 있는 그런 표정이다. 내가 볼 때 그렇게 보였다는 것이다.

징그럽게 아팠기에 "조금 살살 치료해 주면 안 될까요?" 하였더니 곧바로 받아치는데 한파에 얼었던 깊은 강의 얼음이 쩍 갈라지는 살벌함까지 느껴지는 목소리였다.

"아줌마, 그렇게 치료하면 하루 종일 치료해야 해요."

순간 울컥하고 무엇이 올라왔지만 꾹 누르고는, "그래도 살살 치료해 주면 안 될까요?"

"아줌마 그럼 나한테 치료 받지 마세요."

"아줌마 나한테 치료 받지 마세요. 아줌마 나한테 ……."

퇴원은 하였지만, 그 말이 자꾸 따라다녔다.

수술을 하고 입원해 있는 지금, 나는 지키지 못한 약속에 대한 변명을 하고 있다.

## 겨울 햇살

책을 덮고 커피 추출기에서 내린 검은 액체를 목 깊숙이 밀어 넣었다. 서러운 사연이 아직도 핏속을 흐르고 있었던 것일까.

목 줄기를 타고 울컥 뜨거운 덩어리가 올라온다. 나직하게 불러본다. 그러나 대답은 메아리로 돌아온다. 내가 부르면 언제나 대답해 주실 줄 알았는데 아버지의 목소리를 들을 수 없다는 것은 많은 부분 포기를 의미했다.

그로 인해 끝없이 바른길로 보이던 내 앞길은 수정을 하여야 했다. 살아남기 위해 치열한 다툼을 벌여야 하는 서울생활은 좁은 어깨를 짓눌렀다.

보호막이 있을 때에는 곧게 뻗어 간 길로만 가면 되는 줄 알았다. 그러나 낯선 곳에서 혼자 사는 법을 배워야 하던 나는 도시의 밝은 불빛이 두려웠고, 불도 켜지 않은 냉방에서 하루가 지나감을 안도했다.

퇴근 시간을 알리는 벨소리와 동시에 자리에서 일어났다. 남들은 이런 나를 강심장이라고 하였지만, 그 속내를 다 말할 수는 없었다. 조직생활에서 크게 환영받지 못한 나는 총무과→ 관리과 → 출고사무소로 부서를 옮겨야 했다.

이 땅에 여자로 태어난 것이 서러웠다. 여직원과 남직원을 동등한 관계로 보지 못하는 이 세상이, 나의 삶이 절망적이었다. 원망은 아버지를 향했고 눈물을 쏟아냈다. 그날 옮겨간 부서에서 서류 정리로 바빴고 출발 직전의 버스를 겨우 탈 수 있었다. 자리를 찾느라 몸의 중심을 잡지 못해 이리저리 밀리고 있었다. 옷을 당기며 자리를 권하는 사람이 있다.

그는 대학 졸업반으로 기술과에 실습생으로 들어온 동갑내기 Y였다. 나이는 같았지만 철저하게 계산하고 주판알을 퉁기는 나와는 달랐다. 주어진 일에 성심을 다하는 그는 세상은 살수록 살아볼 만하다고 말한다. 부정보다는 긍정적인 생각을 훨씬 많이 가지고 있었다.

공장 안 출입이 여직원에게는 금기로 되었던 까닭에 생산라인에서의 일은 전혀 알지 못했는데 사업장의 열악한 작업환경에 대해 자세히 말해 주었다. 어느 순간에 안전사고가 일어날지도 모르는 작업장에서도 최선을 다하는 기능직 사원들의 사는 이야기도 들려주었다. 근무시간을 계산할 때 아주 조금은 그들의 처지에서 생각 좀 해달라는 당부도 잊지 않는다.

Y의 실습기간은 한 달이었지만 나를 많이 변화시

켰다. 설득력 없는 방법으로, 직장구조(1980년대 초)는 여성에게 유독 불리하다며 남자직원처럼 동등한 지위와 권리를 달라고 악을 쓰고 소리만 높였던 내 모습을 다시 돌아보게 되었다.

늘 원망의 대상이던 아버지도 세상과 화해하고 소통하는 법을 알게 해준 Y도 아득하기만 하다. 추출기에 남아 있던 커피를 따라 잔에 채우고 하늘을 본다. 오랜만에 나온 겨울 햇살에 눈이 부시다.

사람냄새가 나는 이와 마주 앉아 오래 수다를 떨고 싶은 날이다.

*-1996년 겨울*

## 한 권의 책 ②

無心川(무심 강변)은 청원군 가덕면 내암리에서 발원해 청주 시내 한가운데를 가로질러 미호천에 합류하고 금강을 거쳐 서해에 이르는, 규모가 크지 않은 지방하천이다. 남천(무심천의 옛 이름)은 큰 규모의 남석교가 있어 대교천이라고 불리기도 했다. 남석교는 현재 구 석교동 파출소와 동명약국 앞의 땅속에 묻혀 있다. 이 다리는 청주에서 가장 오래된 다리로 신라 박혁거세 즉위 1년에 놓았다고는 하나 확인할 수는 없다고 한다. 묻혀있는 다리는 무심천 지명의 유래가 되는 전설을 담고 있다.

과거를 보러 가던 선비가 청주를 지나는 길에 한 여인과 깊은 사랑에 빠졌다. 선비는 과거에 합격하고 돌아가는 길에 들르니, 여자는 이미 마음이 변해 있었다. 이를 한탄하여 읊은 시어 중 무심이란 말이 있어, 무심천이 되었다는 설이 전해진다.

시대의 아픔까지 감싸 안고 흘러가는 물을 따라가다 보면 서문교를 지나고, 청주대교를 지나 용화사를 만나게 된다. 사찰은 보통 계곡을 타고 내려온 물이 길을 내어 그 앞을 지나가게 되어있는 지형의 심산유곡에 자리한 모습이 일반적이다. 다리를 건너지 않고는 사찰로 들어갈 수 없으며 다리는 불가에서 상징적인 의미 이상의, 중요한 역할을 갖게 된다.

용화사는 심산유곡에 있는 것도 그렇다고 배산(背山)을 두고 있는 것도 아니다. 다만 앞에 있는 무심천이 다리의 상징적인 의미를 대신하고 있는지, 모를 일이다. 용화사는 상당산성 안에 있던 보국사를 헐어 그 자재로 지었고 절 이름을 용화사라 한 것은 미륵부처가 용화수 아래에서 성불하고 설법하여 중생을 제도한다, 하였기 때문이라 한다.

오랫동안 만나지 못한 지기(知己)가 시집 『무심강변에서의 일박』을 보내왔다.

한여름 장대비에
죽지 부러진 가로수들의 이야기와
늦은 녘, 도심의 다리 밑으로
낙엽처럼 날아드는 남루한 비둘기들의 이야기와

- 김태원 『무심강변에서의 일박』 일부

시인의 나직한 목소리가 또 다른 전설이 되어 다

가온다.

문명은 강을 따라 발달해 온 것처럼, 물 따라 흘러가는 것은 신화를 만나는 일이다. 그렇게 나는 이미 단절되었던 과거와 현실을 오가며 외줄 타기를 하는 시인의 강(江)과 만났다. 산다는 것은 살아내는 일은 그만큼 업을 짓는 일이라 하던가. 내가 업을 짓는 만큼 무심천도 점점 혼탁해졌고 마음에서 멀어져 갔다.

'사람'이란 글자에 있는 'ㅁ'의 넷 귀퉁이를 깎아 'ㅇ'으로 다듬으면 '사람'이 '사랑'으로 변한다고 한다. 시인은 세속을 닮는 물빛을 정화하려 스스로를 깎는 노력도 마다치 않는다. 시인의 무심 강변 사랑이 가슴에 아프게 박혀 들어와 물빛이 더 뿌옇게 보인 날이다.

그러나 아무리 어려웠던 시간도 지나고 나면 아름답게 회상하는 것처럼 시인의 강(江)도 더 맑아지고 깊어져서 흔들림 없이 고요하게 흘러가리라.

*-2006년*

## 자연과 손잡기

산이 좋은 사람들에게 1월은 특별한 산행이 된다. 산 정상에 오르면 제일 먼저 올 한해 무사고 안전산행을 기원하며 시산제부터 지내기 때문이다.

처음 산행은 사량도 지리산이다. 그때를 생각하면 웃음이 나온다. 봄이 시작되는 3월 중순이었지만 한차례 폭설 피해도 있었고 꽃샘바람이 매서웠다. 섬을 운행하는 여객선의 시간에 맞추려고 이른 새벽에 출발했다.

날씨가 추워 내복을 입었고 긴소매셔츠에 두툼한 잠바를 걸쳤다. 바지는 청바지였고 신발은 평소에 신던 밑창이 반들반들한 운동화였다. 커다란 보온병에 미역국을 가득 담아 손에 들었다. 점심으로 김밥과 주먹밥을 준비했는데 그 무게는 산을 오를수록 점점 무거워져서 다 집어 던지고 싶을 만큼 나를 곤혹스럽게 하였다. 꽃놀이 가듯 따라 나섰다가 고생은 하였지만 웃음이 나오는 것은 가끔 산에서 나의 처음 산행 때의 모습을 만나서이다.

육지와는 달리 기온이 높았고 산을 오를수록 반소

매셔츠도 더운 날씨였다. 나의 옷차림으로 산을 오르는 것은 최악이었기에 중간에 포기하고 싶었다. 내가 고생한 것 이상으로 함께 간 사람들도 마음고생이 심했다. 그러나 미끄러지고 넘어지면서 안전하게 정상에 오를 수 있었던 것은 함께 간 사람들의 배려와 도움이 있었기에 가능했다.

그 한 번의 산행으로 평소에 데면데면하던 사람과 깊은 우의를 나눌 수 있게 되었다. 자연과 가장 가깝게 있을 때 비로소 그 사람의 따뜻한 인간미를 발견하는 것처럼 닫힌 마음을 열고 또 다른 세상을 만나게 되는 곳이 산이다.

살면서 쌓이는 사람에 대한 미움과 원망도 산 위에서는 순하게 풀어진다. 땀 흘리고 걸으면서 나를 반성하고 필요한 만큼 길을 내어 주는 산의 넉넉함도 닮는다.

정상에서 만난 사람들에게 어리석은 질문도 던진다.

산에는 왜 오시지요?

산, 오래 살라고 오지.

산이 좋아서 오지.

산, 몰라 그냥 거기 산이 있어서 …….

바람도 없는 날, 나무들은 묵언 수행 중에 있다. 덩달아 나도 경건한 마음에 옷깃을 여민다. 날다람쥐처럼 가볍게 정상에 오른 사람이나, 도움을 받아 힘겹게 온 사람이나 정상에서 만나는 사람들은 다 부처의 얼굴이다.

산이 거기 있어 좋은 것처럼 산 아래의 삶도 모두 편안했으면…….

문장대에 올라 근심과 걱정은 털어내고 시산제 장소인 문수봉으로 향했다.

## 진실 게임

오늘 아침 신문도 예외 없이 묵직하다. 신문을 집어든 순간 크고 작은 광고지가 우수수 떨어진다.

여름 정기 바겐세일, 충격 완전 파격세일, 폭탄가세일, 기절초풍 파격세일, 기절만은 말아 주세요.

어느 전쟁터가 연상될 만큼 거창하고 도발적인 내용으로 가득 찬 의류세일을 알리는 광고지가 대부분이다. 이미 만들어져 재고로 쌓여 있는 옷은 우리 국민이 몇 년을 입고도 남을 분량이라고도 한다. 그 말이 빈말이 아님을 입증이라도 하듯 삼백예순 몇 날을 이런 광고의 홍수 속에 살아간다.

국가 경제가 국제통화기금으로부터 관리를 받다 보니 비교적 건실하던 대기업도 공중 분해되기 일쑤다. 내일이 불안해서 너도나도 주머니부터 동여맨다. 소비의 흐름이 끊기자 대기업도 중소기업도 휘청거린다. 살아남기 위한 대책 마련은 세일, 세일로 이어진다. 30%, 50%도 넘어 70% 파격적인 폭탄가세일이다.

턱없이 물가는 오르고 남편 월급으로는 한 달을 견뎌내기가 어려운 형편이고 보니 세일 혜택이라도 누리려 다리가 아프도록 이 백화점 저 백화점을 기웃거린다. 그러나 집을 나서는 보지만 처음 가졌던 기대는 반으로 준다. 그 반이 또 반으로 줄어서 공연히 허비한 시간이 아깝고 편법 상술에 우롱당한 것 같아 화도 나서 그럴 때마다 다시는 백화점을 이용하지 않겠다고 다짐도 한다.

올 1월이다. 문학에 뜻을 두고 공부를 하던 친구에게서 전화가 왔다. 친구는 IMF의 영향이 이제야 느껴진다면서 목소리에도 힘이 빠져있다. 불혹을 막 넘긴 나이에 불어 닥친 위기로 마음마저 춥다고 한다. 그 어려움에 변변한 위로의 말도 못하던 나는 힘들고 어려울 때일수록 글이 잘 써진다던 아는 선배의 말을 기억해 냈다. 그리고 백화점에서 친구에게 보낼 선물로 만년필을 골랐다.

집에서 멀리 있는 백화점 문구코너까지 온 것은 오랫동안 백화점을 신뢰해서다. 좋은 글 쓰라는 간단한 메모를 넣어 보기 좋게 포장했고, 기분 좋게 보냈다. 불빛 없는 캄캄한 터널을 지나듯 암담했을 친구의 마음이 다소 밝아졌으면, 내 간절한 기도문도 넣었다. 무거운 짐은 벗어놓은 듯, 가벼운 마음으로 며칠이 갔다.

만년필에 이상이 있다며 수화기 저쪽에서 조심스러운 목소리가 들려온다. 불량인 사유를 꼼꼼히 써넣은 종이와 함께 다시 온 물건을 들고 백화점을 찾았다. 교환을 요구하는 나에게, 직원은 제품에 이상이 없다는 것을 강조하며 사용해보고 이상이 있으면 그때 다시 오라고 한다.

판매할 때 친절하던 모습과는 달라도 너무 달랐다. 고압적인 자세에 기가 죽어서 말도 제대로 하지 못하고 돌아와야 했다. 그런데 백화점 측에서 다른 만년필로 교환해 가라는 전화가 온 것이다. 교환해 준다는 말만으로도 고마워서 달려갔다. 알고 보니 백화점 측에서 선선히 교환해주겠다고 한 것이 아니었다.

제품의 문제가 무엇인가를 잘 알던 친구가 매장 직원과 전화로 다투었다. 목소리가 조금 더 컸던 친구가 소비자 고발센터에 고발하겠다고 강수를 던졌고 그제야 교환을 승낙했다고 한다.

언제까지 우리 사회가 기본은 통하지 않고 목소리가 커야 내 몫의 권리를 찾을 수 있는 걸까. 만년필은 우리 동네의 문구사에서도 살 수 있고 값이 더 저렴할 수도 있다. 그런데도 백화점을 선호하는 것은 상품에 문제가 생겼을 때 신속한 서비스와 소비자의 권리를 확실하게 보호받기 위해서 일 것이다.

다시는 찾고 싶지 않은 백화점으로 머릿속에 입력시킨 ㅊ백화점에서, 불황 속 고객 유치를 위해 물건을 구입한 뒤 마음에 들지 않을 경우 영수증 없이도 물건을 바꾸거나 수선을 의뢰할 수 있는 제도가 도입되었다고 수선을 떤다. 또 물건에 하자가 생겼을 경우에도 돈으로 되돌려 받을 수 있다고도 한다. 듣던 중 반가운 소식이고 묵었던 체증이 내리는 시원한 소식이지만 속셈에 대한 의구심은 떨칠 수가 없다.

멍청한 건지, 모자란 건지, 이 파격적인 제도가 이번에는 꼭 정착되었으면 바라고 있다. 목소리가 작고 힘없는 소비자도 당당하게 권리를 보호받을 수 있어야 한다.

그래야 세상이 공평해지니까.

*-2000년*

## 아, 에, 이, 오, 우

조디 · 포스터가 주연했던 '콘텍트를' 보지 않았어도 1995년 당시 아마추어무선사는 충분히 도전해볼 만한 가치가 있는 취미생활이었다. 취미생활 중 유일하게 정보통신부령이 정하는 국가기술자격시험에 합격해야 한다는 것이 부담은 되었다. 학창시절 지긋지긋하다고 눈 흘겨대던 시험에서 해방된 지 오래 지났기에 자신감은 떨어졌지만, 지역에서 활동하는 아마추어 무선사들의 빛나는 활동을 보면서 자격 수첩도 받기 전 몇 날을 들떠 지냈다.

'CQ, CQ, W9 GFO.'

응답을 기다리며 불특정 다수와 교신을 위해 14.2 MHz에서 끊임없이 신호를 보내는 어린 소녀의 모습을 화면에 가득 잡는 걸로 영화는 시작된다. 후에 소녀는 과학자가 되어 우주의 환상을 직접 체험하게 된다. 아버지의 자식 사랑, 하늘로 간 엄마와 통신하고픈 소녀의 바람, 근시안적인 인간의 아집들을 타파해보려는 소녀 엘리 · 에로웨이의 노력 등 영화 속 줄거리에 푹 빠져들었다.

아마추어무선사 활동은 참 매력적인 취미활동이다. 내가 보내는 신호가 닿는 곳이라면 무전기 앞에 앉아 지구 반대편에 사는 사람과도 만날 수 있다. 낯선 사람과 취미생활이 같다는 것 하나로 죽어서도 만날 확률이 0%인 사람과 친구가 된다.

무전 교신 중에 속리산 송이버섯에 대해 언급했다가 서로가 모르는 여럿이 해외에서 찾아오는 바람에 파산선고를 할 뻔했다는 웃지 못 할 에피소드는 무선사가 아니면 불가능한 이야기다. 재난 지역에 가장 먼저 들어가 국민의 재산을 지키는 일에도 앞장서고 있는 아마추어무선사에게는 감동적인 이야기가 많다.

대추 고을 아마추어무선사 동호회원으로 입문한 나는 용기를 내어 또 다른 일을 시작할 수 있었다. 숲해설사 일과 오장환문학관 문학해설이다. 전국방송은 아니지만 대추 고을을 찾아오는 전 국민을 대상으로 대추고을 소식을, 오장환문학관이 얼마나 아름다운 곳인지 생방송을 한다.

아, 에, 이, 오, 우, - 아,에,이,오,우. 아, 에,

출근길 운전을 하면서도 열심히 목소리를 가다듬는다. 수리티를 넘어, 공태원을 지나 회인면 중앙리로 들어설 때까지 아,에,이,오,우는 계속된다. 이십여 분

의 짧은 시간이지만 이 시간을 마음껏 즐기고 있다. 목소리가 잘 나오니 기분 좋은 하루, 기분 좋은 방송(해설)이 될 것 같다.

전국에서 오시는 관람객 앞에서 매끄러운 방송을 하기 위해, 방송을 듣는 사람이 오장환문학관을 정확하게 만날 수 있도록 출근길 아, 에, 이, 오, 우는 이제 선택이 아닌 필수가 되었다.

아마추어무선사 자격증이 가져온 선물이다.

# 제5부

# 사랑가

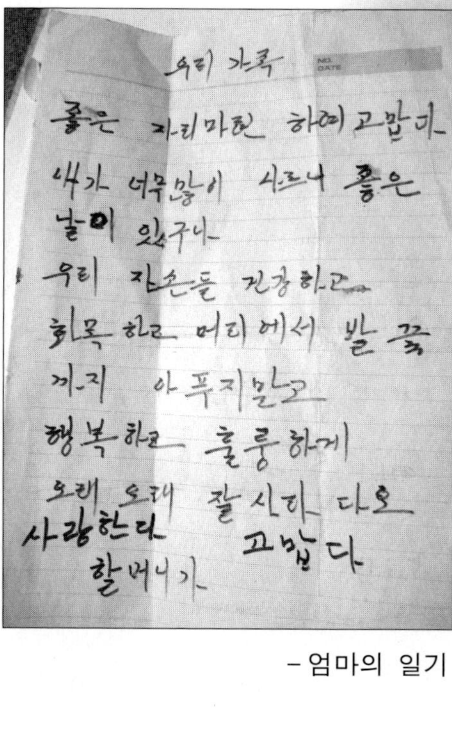
우리 가족

좋은 자리마련 하여 고맙다

내가 너무 많이 사느니 좋은
날이 있구나
우리 자손들 건강하고
화목 하고 머리에서 발 끝
까지 아프지 말고
행복 하고 훌륭하게
오래 오래 잘 사라 다오
사랑한다 고맙다
할머니가

– 엄마의 일기

## 집으로 가는 길

가장 행복한 길은 집으로 가는 길이다.

처음 엄마가 다리의 통증으로 잠을 이룰 수 없다고 호소했지만 노인병 질환이라고 나는 대수롭지 않게 생각했다. 입소문 따라 몇 군데 병원에 다녔지만 도무지 차도가 없었다. 발이 아픈 것이 허리디스크 때문이라고 해서 수술을 받으셨는데 왜 이렇게 점점 아픈지 모르겠다고 하셨다.

정확한 병명도 모른 체 고생을 하시다가 발가락 한 개가 잘려나간 후에야 큰 병원을 찾아 혈관을 넓혀주는 수술을 받으셨다. 연이은 큰 수술에 엄마는 많이 약해 있으셨지만, 내 가족 돌보는 일이 먼저인 탓에 모른 척 눈을 감았다.

퇴원 후, 요양병원에는 절대 가지 않겠다는 엄마를 설득해서 요양원에서 지내게 하였다. 평생 부지런하게 사신 엄마는 요양병원이 답답하신지 석 달을 못 채우고 집으로 가겠다며, 제발 집까지 데려다만 달라고 노래를 부르기 시작했다. 무릎걸음으로 어떻게 혼자 지낼 거냐고 짜증을 냈지만 절대 힘들게 하지 않겠다고 하셨다. 요양원에서 퇴원하는 것을 계속 내가 만류하자 엄마는 당신 혼자 가시겠다며 차를 불러달라고 하신다. 그런 엄마가 정말 야속했다. 조금 더 회복될 때까지 요양원에 계셨으면 했는데 앞이 캄캄했다. 나는 울 엄마 걱정보다, 엄마 때문에 내가 더 힘들어질까 봐 나름 계산을 하고 엄마를 말렸지만 결국 엄마를 모시고 집으로 왔다.

엄마에게 가장 행복한 길은 집으로 가는 길이었는데 딸인 나는 엄마의 행복한 길을 막았었다. 엄마는 집으로 오시자 얼굴에 화색이 돌았다. 처음 오실 때는 걷지 못하셨는데 재활훈련을 얼마나 열심히 하였는지 지금은 200여 미터 거리에 있는 경로당까지 가실 수 있게 되었다. 물론 짧은 거리지만 그 길도 엄마는 힘겨워서 몇 번을 쉬었다가 가시는 길이다. 요양원에 계셨다면 엄마가 지금처럼이라도 걷는 것은 불가능한 일일 것이다.

자주 찾아뵙지 못하고 있는데, 엄마는 나를 만나면 고마운 이웃사람들 이야기만 하신다. 폭설이 내린 후 걱정이 되어 전화를 드렸더니 나를 더 걱정하신다. 옆집 아저씨가 유모차가 잘 다닐 수 있도록 눈을 깨끗하게 치워주었다며 출근길 조심하라며 딸 걱정을 더 많이 한다.

죽음보다 더 무서운 것이 외로움이라고 하는데, 울 엄마, 김재화 여사는 외로울 시간이 없다. 경로당에 못 가시는 날에는 안부 전화를 해주시는 분도 있고, 집으로 찾아오셔서 말동무 해주시는 어르신도 계시다. 김치도 담가서 주시고, 도토리묵을 쑤면 꼭 가져오시는 분도 계시다. 동지에 나도 못 먹은 팥죽을 드셨다고 자랑하시는 엄마의 얼굴은 봄날이다. 옆집 용현이 엄마와 아빠는 나보다 엄마를 더 걱정하시고 세심하게 보살펴 주신다. 좋은 이웃들이 있어서 나의 걱정은 반에서, 또 반으로 줄어든다.

엄마는 복도 많아. 그런데 그 빚을 어떻게 다 갚을겨, 했더니 우리 딸이 다 갚으며 되지, 하시며 웃으신다. 여든둘인 엄마는 치매를 예방하신다며 일기도 쓰고, 한문도 쓰신다. 혼자 공부하려니 힘들어 죽겠다고 하면서도 글 쓰는 것은 재미있다고 하신다. 엄마는 당신의 생신상 앞에서 처음으로 우리 가족이라는 글을 멋지게 읽으셨다. 몇 번을 쓰고 지우고 또 쓰고 하셨다며 쑥스러워하셨다.

집으로 가는 길,
그 길이 엄마에게 가장 행복한 길이 되었던 것이다.

## 그 여자 이야기

합격이란 말이 생소한 언어처럼 낯설고 믿어지지 않아 남편과 나는 오래도록 서로를 바라보았습니다. 억겁의 긴 시간만큼 느껴질 때 서로에게 합격의 영광을 돌렸습니다. 우리의 약속 하나가 이루어졌음을 감사하고 또 감사하면서 지난날을 돌아보았습니다.

칠 년 전, 남편과의 처음 시작은 오십 년쯤 된, 남편의 근무처 옆에 있던 관사에서였습니다. 밤이면 천정에서 쥐들이 달리기를 하였고 부엌에 수도가 없어 생활은 말도 못하게 불편하였습니다. 쥐벼룩 때문에 한밤중에 일어나 불을 켜고 수선을 피운 적도 여러 번 있었습니다. 그러나 마음은 더없이 풍요로웠고 내일에 대한 희망으로 바라보는 모두에게 따뜻한 시선을 보냈습니다. 삶의 자세가 건강한 적극적인 남편이 있어서 가능한 일이었습니다. 남편은 나를 잘 이끌어 주었습니다. 남편이 쳐준 튼튼한 울타리 안에서 행복했습니다. 그러나 그 시간은 그리 길지 않았습니다.

시련이 우리에게 왔던 것입니다. 웃음은 사라졌고 눈물 흘리는 날이 많았습니다. 분위기를 바꿀 수 있는 무엇이 필요했고 남편은 승진 시험에 희망을 걸었습니다. 해마다 도전은 하지만 신(神)은 남편 편이 아니었습니다. 시험에 떨어지는 횟수가 더해지면서 남편이 겉돌기 시작했습니다.

신혼 초의 빛나던 소망은 빛을 잃고 삐걱거리기 시작했습니다. 남편은 밤샘하는 날이 많았기에 가정에서는 편안하게 쉬고 싶다고 했습니다. 그러나 서로가 상처를 껴안고 있었기에 편하게 쉴 공간이 없었습니다. 남편은 어쩌다 한번 있는 비번 날도 바쁘게 집을 나섰습니다. 비번 아닌가요, 묻는 나에게 지금이 어느 때인데 비번이야, 윽박지르듯 언성을 높였습니다.

아시안 게임과 서울올림픽이 열리던 시기라 남편을 이해하려 하였지만 내가 느껴야 하던 고달픔의 무게 또한 작지는 않았지요. 남편이 속으로 삭여야 하는 절망감은 부부 사이에 보이지 않는 두꺼운 벽을 만들었습니다.

승진시험에 계속 실패하는 남편에게 따뜻한 위로의 말이 필요했겠지만 그러지 못했습니다. 그 분위기를 견딜 수가 없었던 나는 승진은 바라지 말라고 마음에 없는 말로 화를 돋우고는 했습니다.

남편이 공부하는 동안, 미숙아로 태어나 많이 아픈 아들과 내가 감당해야 하는 몫이 참으로 고통스러웠던 탓입니다.

출구를 찾지 못한 남편은 점점 깊은 늪으로 빠져들었습니다. 남편과 나는 서로에게 위로를 받고 싶었지만 서로 위로하고 마음의 상처를 껴안기에는 너무 많이 지쳐있었습니다. 서로가 느끼는 아픔만이 전부인 줄 알고 마음의 문을 꼭꼭 닫아걸었던 것입니다.

모든 것을 다 잃어버린 듯이 어깨가 처져 있던 남편이 마지막 도전이라면서 공부를 시작했습니다. 담배도 하루 만에 끊어 버리는 결단력으로 승진시험에 매달렸습니다.

차 한 잔 마시는 시간도 아까워했습니다. 옆에서 지켜보던 나 자신도 수험생 대열에 들어선 양 긴장이 되었습니다. 어린 아들이 잠이 들면 나도 남편의 공부에 동참해서 문제도 읽어주었고, 답도 맞혀보고는 하였습니다. 이만큼 공부하면 될까, 전에 공부할 때하고 어때, 넘어간 책장을 다시 펴보며 그때보다 많이 하는 것 같지 않아, 초조해하는 기색이 역력했습니다.

시험 보는 날, 나도 불안해서 물 한 그릇 떠놓았습니다. 돌이켜보면 참으로 힘겨웠던 시간이었습니다.

*-1990년*

## 그 남자 스토리

아내가 어느 날부터인지 생쌀을 씹기 시작한다. 처음에는 입에서 우물거리다 넘기고는 하더니 나중에는 쌀을 씹는 소리가 나의 귀에 거슬릴 정도가 되었다.

쌀 씹는 것을 중단시키려고 싫은 소리도 하였다. 그때마다 담아온 쌀만 먹으면 절대로 다시 먹지 않겠다며 약속을 한다. 그러나 아내는 이미 몸에 습관이 밴 듯 수시로 쌀통에서 쌀을 떠낸다. 나를 의식해서 쌀을 뜨는 순간 멈칫거리다가도 냉큼 잊어버리고는 씹는 소리까지 요란하다.

후에 알았지만, 헤모글로빈 수치가 정상보다 낮은 빈혈이 가져온 변화였다. 맞는지 모르지만, 몸에 피가 부족하게 되면 머릿속에서 끊임없이 원하게 되는 것이 있다고 한다. 어떤 이는 얼음조각을, 또 어떤 사람은 식품보조제로 나온 알약을 삼키는 것이 아니고 잘근잘근 씹는다고 한다.

쌀을 입에 넣어 씹는 것처럼 딱딱한 것이 당기게 된다는 것이다. 자신의 의지와는 상관없이 몸이 먼저 반응하기에 잘못된 습관은 고치기가 쉽지가 않은 것 같다.

사람은 오래 내려온 습관은 존중해야 하지만 그렇다고 습관에 구속되지는 말라고 한다. 아내는 습관에 구속된 듯이 아무리 말려도 소용이 없다. 이가 다 부서질 것 같은 걱정으로 내가 눈을 부릅떠도 소용이 없다. 몸에서 원한다고 그대로 두었다가는 아내의 치아가 온전치 못할 것 같은데 쌀 씹는 것을 중단을 시킬 수가 없다.

습관이 지닌 역할은 매우 크다고 할 수 있다. 올바른 습관이라면 크게 걱정할 일은 아니다. 그런데 바르지 못한 습관은 사회문제가 되고 엄청난 비용까지 쏟아 붓는 경우를 종종 볼 수 있다. 피우고 버린 담배꽁초 하나가 몇 개의 산과 마을을 태웠던 화재 사건도 있었고, 안전모만 착용했더라면 하는 안타까움이 더 컸던 오토바이 사고현장도 많이 보아왔다. 이 모두가 잘못된 습관이 불러온 사고들이다.

머리는 해서 되는 일과 안 되는 일을 지시할 것이다. 그러나 몸에 밴 습관으로 불씨가 남은 담배꽁초를 달리는 차 안에서 밖으로 던지고 사용한 휴지도 던져버린다. 생활쓰레기는 분리를 철저하게 해서 정해진 날짜에 정해진 봉투에 넣어 버려야 함에도 지켜지지 않는다. 이런 어른의 유전인자가 전해졌는지 하굣길 아이 중에는 먹던 과자 봉지를 휙 던져버리고 우물우물 씹던 껌도 길바닥에 무심코 뱉는다. 불러서 줍게 하지만 자신의 잘못된 습관을 반성하기보다는 나를 쳐다보는 눈이 냉소적이고 적대감에 가득 차 있는 듯 보일 때가 있다. 이런 기초질서위반 사례로 인한 비용과 폐해는 고스란히 우리 국민, 나의 몫으로 돌아온다는 것을 몰라도 너무 모르고 있다.

경찰청에서는 연중 기초질서 지키기 운동을 전개하고 있다. 구호로만 그치는 것이 아니라 더욱 깨끗하고 쾌적한 거리의 환경을 만들고 국민의 안전과 삶의 질도 높일 수 있도록 기초질서사범을 강력하게 단속하고 있다. 기초질서사범은 마음만 먹으면 쉽게 지킬 수 있다. 그럼에도 강력하게 단속하고 있는 것은 그만큼 깊숙하게 자리한 잘못된 습관 때문이다.

건강한 사회, 밝은 사회를 위해서는 역시 건강할 때 바로잡고, 바로 세워야 한다. 나 혼자 사는 사회가 아닌 우리가 더불어 살아가야 하는 사회이기 때문이다. 기초질서가 지켜질 때 우리 국민이 부담해야 할 사회적 비용도 줄어들고 진정 아름답고 건강한 국가가 될 것이다.

아내는 지금 병원에 다니면서 치아 치료 중이다. 그 치료비 또한 요즘 아이들 말로 장난이 아니다. 치료비 부담으로 내 허리가 15도는 휜 듯하다.

## 이야기 2

전화벨 소리에 눈을 떴다.

눈꺼풀이 자꾸 내려온다. 아침 먹은 설거지도 못하고 이불 속으로 기어들어갔다. 조금만 누었다 일어나야지 했는데 시곗바늘 두 개가 숫자 열둘에 포개져 있다. 눈은 떴는데 몸이 움직여 주지 않아 한참을 그대로 있었다.

적막함을 흔들던 벨소리도 잦고 고요하다. 다시 눈은 감기고 꿈속이다. 이렇게 눕기 전에는 참 건강하였다. 매일같이 왕복 세 시간 거리의 산을 열심히 다닌 것이 보약이 되었던지 아픈 곳이 없었다. 건강에 대한 지나친 자신감으로 나의 몸이 무쇠라도 되는 양 아껴주는 일에 소홀했다.

그런데 여름휴가를 일주일 남기고 한쪽 팔이 심하게 아팠다. 잠자리가 불편해서 온 통증으로 생각하고 하루가 지나면 나아지겠지 하였다. 건강에는 자신감이 넘치다 못해 과신하고 있었기에 참을 만큼 참았다. 그렇게 몇 날 통증으로 힘들어했고 병원을 찾았다. 상처가 없음에도 어깨통증을 호소하자 흔히 오는 신경통으로 처방전을 낸다.

감기도 참을 만큼 참다가 도저히 견디지 못하면 병원에 갈 정도로 잘 참는 나이기에 어깨 통증이 우기에 찾아온 신경통 정도로 가볍게 생각했다. 통증은 점점 심해졌지만, 미련하게도 일주일을 더 참다가 다른 병원을 찾았다. 겨드랑이에 벌레가 물은 듯 보이는 자국을 확인한 의사는 대뜸 대상포진이네요 한다.

대상포진은 노인이나 건강이 나쁜 사람, 면역 기능이 저하된 사람 스트레스를 많이 받는 사람에게 잘 걸린다는 병이다. 그중 해당 사항은 하나도 없는데 병명이 대상 포진이라고 한다. 생각해 보니 나는 내 몸을 아껴주지도, 귀하게 생각하지도 않았다. 하늘로부터 무료로 임대를 받아 사용하는 몸이지만 건강진단 한 번 받게 하지 않았다.

막연히 나는 건강하다, 에 가산점을 높게 주고는 몸이 이상 신호를 보냈지만 무시해 버렸다. 모든 병은 발병 초기에 발견하면 치료시기도 빨라지고 고생도 덜 한다는 것을 이번에 확실하게 알았다. 병원을 멀리 두는 내게 남편은 미련퉁이 저러다가 일 내지 했었다.

대상포진의 통증은 진통제가 필요할 정도로 심하다. 현명한 환자라면 이를 악물고 견디어 내기보다는 진통제를 먹는다고 한다. 그런데 나는 미련퉁이 짓을 하는 바람에 정말 일을 냈던 것이다. 사실 대상포진은 초기에 심한 통증 이외는 뚜렷한 증상이 없어 근육통이나 디스크 등 다른 질환으로 오진하는 경우가 많다고 한다.

오진으로 냉찜질을 해야 하는데 온열치료를 했으니 그 통증은 말로 다할 수가 없다. 진통제가 들어간 약을 먹으면서 통증은 어느 정도 가라앉았다. 대신 약에 취해서인지 눈을 감아도, 눈을 떠도 꿈속이다. 푹 자고 나면 몸이 개운해야 하는데 반대로 기력을 다 소진 시킨 양, 손끝 움직이는 것조차 힘들었다.

살면서 참 많은 오진을 하지 않았나 한다. 초기에 쉽게 해결하지 못하고 나와 연결되었던 많은 사람을 아프게 했을지 모를 일이다. 겪지 않아도 될 일을 더 아프게 겪었다. 상처가 되었던 많은 기억을 더듬으며 얼마나 더 아파야 내 오진에 대한 변명의 기회가 올까.

벨이 다시 울려 수화기를 들자 귀에 익은 목소리가 아우성을 친다.

## 스토리 2

20세기 발전에 지대한 공헌을 했고 인류의 미래 역사를 새롭게 바꾸어 쓸 물건 중 하나가 컴퓨터일 것이다.

컴퓨터의 발달사를 가만히 들여다보면 그 빠르기가 눈부시다 못해 경이롭다. 인체의 정교한 해부도만큼 복잡한 정보의 바다를 돌다 보면 곳곳에서 더욱 복잡한 정보의 그물망에 걸려 길을 잃기에 십상이다

아는 만큼 보인다는 말이 있다. 아는 것이 화를 부른다, 는 말도 있다. 정보의 바다인 인터넷을 통한 무한의 정보를 어떤 각도에서 보고 다운을 받아 적절히 수용해야 하는지, 커다란 문제가 아닐 수 없다. 삶의 본질이 단순히 먹고 입고 기후변화만 피하는 가장 기초적인 범주에서 이제는 어떻게 하면 사람답게 살며 그 공동체 안에서 조화로운 삶을 함께 엮어 갈 것인가에 직면하게 되었다.

사회가 발전하면서 질 높은 삶을 추구하려는 방법이 컴퓨터 부속만큼이나 세분화되고 복잡해지고 있다. 이때 나타나는 현상이 시위가 아닌가 한다. 이해

당사자는 자리를 함께해서 토론하고 합의점을 끌어내려고 노력도 한다. 그래서 공동의 목적에 도달해 일치점을 찾게 되면 금상첨화겠지만 그렇지 못할 경우 분명하게 선을 긋고 대립하게 된다.

민주주의가 발달한 나라일수록 시위 또한 민주적이라고 한다. 과거 우리는 떠올리기 거북한 시위의 중심에 있던 적이 있다. 화염병이 날고, 최루탄이 '펑펑' 터지는, 지옥이 따로 없었다. 그러나 국민정부가 들어서면서는 더욱 다양한 목소리는 분출되었지만 민주주의 국가답게 철저한 시민의식을 가지고 평화적인 행진으로 시위를 문화로까지 한 차원 높게 끌어 올렸다.

시위가 없는 사회는 죽은 사회이다. 사람이 사는 곳에는 언제나 해결하기 어려운 문제가 발생한다는 것이다. 다만 해결을 위한 목소리를 내야 할 경우 방법이 문제라는 것이다. 엉킨 생각을 풀기 위해서는 반드시 길은 필요하다. 길을 찾는 일은 상당히 중요하나 길을 찾았다고 다 안전한 길이 될 수는 없는 일 아닌가.

사람이 지나가면 그곳이 바로 길이 되었던 시절이 없었던 것은 아니다. 그러나 더 많은 길이 생기면서 중앙선이라는 넘어서는 안 되는 선이 그어진다. 중앙선은 사람들 사이에서 넘지 말아야 할 선으로 약속되어 지켜져야 하고 그렇지 않을 경우 심각한 사태가 발생한다.

대형 사고를 방지하기 위해서는 중앙선이 꼭 지켜져야 하는 것처럼 폭력시위가 다시 고개를 드는 요즈음 어떤 상황에서도 폴리스라인만은 지켜야 할 것이다. 더욱 성숙한 시민의식으로 폴리스라인이 지켜질 때 우리의 시위문화가 꽃도 피우고 열매도 맺지 않을까.

길은 어디에도 있다. 그러나 다 길이 될 수는 없다. 급한 걸음으로 달려는 왔지만, 전원이 나간 컴퓨터 앞에서 재부팅을 기다리는 심정으로 잠시 마음을 비우고 기다려봄은 어떠할지.

## 스토리 3

성판악을 출발해서 1시간 30분을 넘게 걸었다. 영하의 날씨로 바람은 찬데 등은 땀이 흘러 스멀거린다. 뒤따라오는 임(任)의 숨소리가 커서 돌아보니 얼굴은 땡볕에 댄 듯이 벌겋다. 任이 머리에 두른 띠를 벗어 손으로 쥐어짜자 땀인지, 물인지 주르륵 떨어진다. 한라산 등반이 任은 이번이 처음으로 매우 힘들어 보인다.

산행은 보통 출발해서 30분이 힘들다. 그 30분을 잘 넘기면 그날은 어렵지 않게 정상에 오를 수 있다. 그러나 한라산은 출발해서 얼마 동안은 들길을 걷는 것처럼 편안한 길이다. 완만한 길 탓에 들숨과 날숨이 편안해서 소풍 가는 날, 기분을 느끼게 된다.

2년 전, 지금 이 길을 걸으면서 어! 산이 뭐 이래, 한라산 아무것도 아니잖아, 은근히 얕잡아 보았었다. 우리나라에서 제일 높은 산 임에도 불구하고 경사를 거의 느끼지 못해서이다. 적당한 오르막 내리막이 이어져야 산행을 하는 재미를 느끼는데 그렇지 못했다.

작품사진에 흠뻑 빠져 있던 나는 언어로는 표현의

한계를 느낄 만큼 아름다운 풍경을 열심히 카메라에 담았다. 걸음이 가볍다 보니 자꾸만 더 좋은 피사체를 만나고 싶었다. 욕심이 커졌고 꽤 무거운 카메라를 들었지만, 마음은 저만큼 앞서기까지 했다.

얼마나 많은 눈이 내리고 또 쌓였는지 여름 산행에서 발걸음을 붙잡던 돌도, 계단도 깊게 묻혀서 가늠할 수가 없었다. 쌓인 눈이 완충 역할까지 해주고 있어 걷는 것이 한결 수월해서 앞으로 남아 있는 거리와 체력도 생각하지 않았다. 그러나 산은 좋아하지만, 아직 아마추어 수준인 내가 매번 만만하게 오를 수 있는 한라산은 결코 아니다.

제주는 기후변화 또한 심한 곳이다. 전날 제주에 도착했는데 제주 시내에서 한라산을 또렷하게 볼 수 있었다. 기막히게 운수 좋은 날이다. 여러 번 제주에 왔지만 언제나 어림으로만 한라산을 만났었다.

우리나라 3대 신령스런 산 중에 하나라고 불리고 있는 한라산(영주산)은 결코 가볍게 자신을 드러내는 산이 아니다. 티 없이 맑은 하늘 아래서 보는 한라산은 한달음에 오를 수 있을 정도로 가깝게 느껴졌다. 꼭 어릴 때 놀던 뒷동산 같은 정겨운 느낌으로 한라산이 다가온 것이다. 그 정상이 햇빛에 살짝 빛이 바랜 할아버지의 모자 같기도 하였고, 또 어떻게 보면 잘 구운 둥그런 빵 위에 설탕을 뿌려놓은 듯 따뜻하고 달콤하게 느껴지기도 했다. 그 경이로운 모습을 오래 눈으로 붙들고 있었다.

그렇게 맑았던 날씨가 비인지, 눈인지 하늘에서 마구마구 퍼붓고 있다. 1시간 30분이 지나고 2시간이 지나면서 숨도 가쁘고 자꾸만 뒤처진다. 정해진 시간까지 진달래밭에 닿아야 한다. 시간이 늦어지면 산행이 통제를 받기에 정상에 오르는 것을 포기해야 한다. 설경에 정신이 팔려 시간이 많이 지체되었는데 발목은 시큰거리고 옆구리까지 당긴다.

삶도 그런 것 같다. 처음 시작은 세상을 다 품을 듯 씩씩하게 걷는다. 하지만 그 길 역시 그리 만만한 길은 아니다. 내 삶도 비바람 사납게 불고, 폭설은 예고 없이 내려서 애가 탔던 날이 많았을 것이다.

공직생활을 하면서 나는, 타의로 또는 스스로 포기해야 할 것이 하나씩, 또 하나씩 늘어간다. 다른 한편으로는 삶이란 연습해서 다시 반복해 살 수가 없는 까닭에 포기해야 할 것을 쉽게 놓지 못할 때도 있다. 삶의 길에서 정상이 바로 저긴데, 쉽게 포기할 수 있는 사람은 그리 많지 않을 것이다.

그러나 쉰을 넘으면서 내 삶의 역사를 자주 생각하게 된다. '경찰은 3분 거리에 있습니다.'라는 문구처럼 혹여 나는 3분 거리에 있는 것으로만 나의 직무를 다하고 있다고 자만하지는 않았는지. 항상 민원인이 나를 필요로 할 때는 힘이 되어주는 경찰상을 보여주기 위해 나름대로 노력은 했다고 하지만 그것 또한 나의 잣대로 잰 허상은 아니었는지.

국민의 생명과 재산을 보호하고 모두가 평화로운 삶을 위해 꼭 필요한 공권력이지만 그로 인해 혹여 더 큰 상처를 만들지는 않았는지.

한라산 중턱에서, 앞으로 더 나가지 못하고 깊은 생각에 빠져들었다.

*-2009년*

## 소금보다 귀하고

-황금보다 빛나는 지금 이 시간-

노년은 남녀 간의 우정에는 가장 적합한 시기이다.
그 까닭은
그들은 그때에는 남자고
여자인 것이 중지되었기 때문이다. -A 모루아-

내게
노년은 십 년쯤 후에
아님 그보다 더 많은 시간이 지나간 후가 아닐까.
욕심이지만
여자인 것이 중지되는 것이 노년이라고 하면
나는
그 노년에 도달하는 것을 거부하게 될지도 모른다.
지금, 나는
푸른 잎 무성한 여름나무처럼 싱싱한 젊음은
이미 지나쳐 갔지만 아직은 여자이고 싶은 시간을
조금은 남겨두고 싶다.

여자이어서 행복하다, 는 광고 카피가 있다.
나는
여자이어서 지금 너무 행복하다.
산다는 것은 자신을 주체로 쓰는 소설이고 다시 재연되지 않는 연극이다.
연극에 주인공은 내가 된다.
삶이 연극이나 소설과 다른 점은 다시 고쳐 쓸 수 없다는 것이다.
한 번 무대에 올리면 그것으로 끝이 된다.
삶이 나의 것이긴 하지만 그렇다고 가볍게 무대에 올리진 못한다.

그럼에도 불을 향해 달려드는 불나비처럼
지금 준비도 없이
무대에 올린 나의 연극을 즐기고 있다.
내일엔 사정없이 부서질지라도
두 번은 살 수 없는 삶이기에
내게 온 지금 이 시간은 포기할 수가 없다.

📖 지은이 약력

## 임 선 빈

- 「동양일보」 신인문학상 수필부문 당선.
- 「충북작가」 신인상.
- 보은민예총, 충북작가회의, 충북수필문학회, 무심천 동인.
- 수필집 『꽃 피는 봄이 오면』 2005년.

임선빈 수필집

내 마음의 화첩

2013년 12월 20일 초판1쇄 인쇄
2013년 12월 28일 초판1쇄 발행

지은이 | 임 선 빈
펴낸이 | 김 영 환
펴낸곳 | 도서출판 다운샘

138-857 서울특별시 송파구 오금동 48 - 8
전화 02 - 449 - 9172 팩스 02 - 431 - 4151
E-mail : dusbook@naver.com
등록 제17 - 111호(1993. 8. 26)

ISBN 978-89-5817-289-5 03810
값 9,000원